中央高校基本科研业务费专项资金资助
Supported by *the Fundamental Research Funds for the Central Universities*

◎韩 轶／著

法益保护与罪刑均衡

——法益保护之优先性与罪刑关系的合理性

Protection of Legal Interests & Balance between Crime and Punishiment

—— *Preferential Protection of Legal Interests & Rationality of Relationship between Crime and Punishment*

中央民族大学出版社
China Minzu University Press

图书在版编目（CIP）数据

法益保护与罪刑均衡——法益保护之优先性与罪刑关系的合理性/韩铁著. —北京：中央民族大学出版社，2015. 4

ISBN 978 -7 -5660 -0956 -2

Ⅰ. ①法…　Ⅱ. ①韩…　Ⅲ. ①法的理论—研究
Ⅳ. ①D90

中国版本图书馆 CIP 数据核字（2015）第 065488 号

法益保护与罪刑均衡

——法益保护之优先性与罪刑关系的合理性

作　　者　韩　铁
责任编辑　周雅丽
封面设计　布拉格
出 版 者　中央民族大学出版社
　　　　　北京市海淀区中关村南大街 27 号　邮编：100081
　　　　　电话：68472815(发行部)　传真:68932751(发行部)
　　　　　　　　68932218(总编室)　　　　68932447(办公室)
发 行 者　全国各地新华书店
印 刷 厂　北京宏伟双华印刷有限公司
开　　本　880×1230（毫米）　1/32　印张：7. 25
字　　数　185 千字
版　　次　2015 年 5 月第 1 版　2015 年 5 月第 1 次印刷
书　　号　ISBN 978 -7 -5660 -0956 -2
定　　价　25. 00 元

总　序

中央民族大学是我们党为解决民族问题、培养少数民族干部和高级专门人才而创办的高等学府。建校六十多年来，中央民族大学认真贯彻党的教育方针和民族政策，坚持社会主义办学方向，坚持为少数民族和民族地区发展服务的办学宗旨，培养了成千上万的优秀人才，取得了许多具有开创性意义的科研成果，创建和发展了一批民族类的重点学科，走出了一条民族高等教育又好又快发展的成功之路。

今天，荟萃了56个民族英才的中央民族大学，学科门类齐全、民族学科特色突出，跻身于国家“211工程”和“985工程”重点建设大学的行列。中央民族大学已经成为我国民族工作的人才摇篮，民族问题研究的学术重镇，民族理论政策的创新基地，民族文化保护和传承的重要阵地。

教师是学校的核心和灵魂。办好中央民族大学，关键是要有一支高素质的教师队伍。为建设一支能够为实现几代民大人孜孜以求的建成国际知名的、高水平的研究型大学提供坚实支撑的教师队伍，2012年4月，学校做出决定，从“985工程”队伍建设专项经费中拨出专款，设立“中央民族大学青年学者文库”基金，持续、择优支持新近来校工作的博士、博士后出站人员以及新近取得博士学位或博士后出站资格的在职教职工出版高水平的博士学位论文和博士后出站报告。希望通过实施这一学术成果出版支持计划，不断打造学术精品，促进学术探究，助推中央民族大学年轻教师成长，形成长江后浪推前浪、一代更比一代强的教师队伍蓬勃壮大的良好局面。

青年教师正值学术的少年期。诚如梁启超先生脍炙人口的名言所祈愿：少年智则国智，少年富则国富，少年强则国强，少年独立则国独立，少年自由则国自由，少年进步则国进步，少年胜于欧洲，则国胜于欧洲，少年雄于地球，则国雄于地球。希望在各方面的共同努力下，在广大青年教师的积极参与下，“中央民族大学青年学者文库”能够展示出我校年轻教师的学术实力，坚定青年教师的学术自信，激发青年教师的学术热忱，激励广大青年教师向更高远的学术目标攀登。唯有青年教师自强不息，中央民族大学的事业才能蒸蒸日上！

中央民族大学青年教师学术著作
出版编审委员会
2013 年 6 月 19 日

内容摘要

法所欲保护的利益是任何法律在创制时就必须考虑的重要问题。惩罚犯罪、保护法益既是刑事立法的动力根据，亦是刑法的任务。对于法益的研究，尤其是对法益保护的优先性与罪刑关系的合理性的研究，无疑有助于我们准确地进行法益的价值定位，合理地解决罪刑关系立法中的公正性问题。从这个意义上说，研究法益在刑法理论中的定位与内涵，不仅仅是建构科学的刑法分则体系及修正罪刑关系失衡的诉求，更是满足刑罚目的之追求和实现刑法任务的需要。本书以法益保护与罪刑均衡为题，探讨了法益的一般理论，在此基础上对我国法益保护与罪刑关系进行了审视与探析，最后还对罪刑关系合理性实现的路径选择作了分析论证，提出了完善相关刑事立法和刑事司法的建议。本书共分四章，其主要观点可作如下归纳：

第一章对法益的内涵进行了界定，提出法益是犯罪论不可或缺的范畴，具有不可动摇的地位，主张全面贯彻法益应作为刑法中特有概念的观点。法益除具有违法性评价功能、解释性功能、分类功能外，还具有罪刑关系建构的功能，其中，法益的罪刑关系建构的功能，指法益性质及侵害法益所表现的犯罪情节是罪刑关系建构的基准。罪刑关系的立法建构应是贯彻罪刑均衡原则。罪刑均衡主要体现在两个不同方面，即刑罚与罪质相适应、刑罚与犯罪情节相适应。首先，不同的罪质，标志着各该犯罪行为侵害、威胁的法益性质不同。罪质就是犯罪构成主客观要件统一表现的犯罪性质，它是犯罪的质的规定性。犯罪行为侵害不同的法益，正是表明各种犯罪具有不同的危害程度，是决定刑事责任大小的根本所在。危害人身权利的犯罪重于侵害财产的犯罪、故意杀人罪重于故意伤害罪等，就是由各自的法益种类及内容决定的。国家的刑事立法，根据所保护并被犯罪行为所侵害的法益种类及内容的不同，制定与之相对应的轻重有别的法定刑。其次，在侵害的法益相同的犯罪中，由于案件的犯罪情节不尽相同，其危害程度也颇不一样。不同的犯罪情节反映了各该犯罪行为侵害、威胁法益的程度，要使刑罚真实地反映形形色色的具体案件的危害程度，罪刑关系的建构就应注意刑罚与犯罪情节相适应。采取不同标准可以对法益进行不同的分类。明确法益在刑法理论中的定位与内涵，必须廓清法益与相关范畴之关系，如法益与利益、法益与社会关系、法益与刑法任务、法益与刑罚目的。

第二章对罪刑均衡关系的建构进行了探析。作为罪刑均衡较为系统的理论基础，报应刑论可谓其源头。报应刑论是从人的复仇本能中发展起来的，体现以恶报恶的对等性观念，报应刑论可进一步区分为绝对报应刑论与相对报应刑论。报应主义倡导罪刑均衡应以公正为价值诉求，罪刑均衡是从传统的罪刑等价原则发展而来的，其基本含义是：行为人实施了危害性多大的犯罪，就应承担多重的刑事责任，审判机关应判处行为人相应轻重的刑罚，做到罪刑相称，罚当其罪。罪刑均衡体现在罪刑关系的立法建构上，我国司法实践中量刑失衡现象的存在，与立法不完善具有直接关系。因此，实现刑罚裁量公正，完善刑法规范应是当务之急，在我国刑事立法和司法上确实具有重大的现实意义。但罪刑均衡的实现则任重而道远，真正的量刑公正永远存在于司法实践活动中，体现在每一个具体案件的审判上。

第三章对法益保护与罪刑关系中的重要问题进行了研究。刑事立法从保护法益的立场出发，将法益抽象化、类型化后对犯罪予以分类。有关法益性质的理解，不仅是决定犯罪本质不可缺少的要素，而且也成为立法上对犯罪进行分类的标准。犯罪的法定分类包括刑法典分则和根据刑事立法相关规定对犯罪所作的分类。刑法分则对犯罪的分类关系到刑法典分则体系的构建。构建刑法分则体系的方法，历来有“两分说”和“三分说”之别：“两分说”是指将犯罪分为侵害公法益和侵害私法益的犯罪（也有学者将公法益称为超个人法益，私法益称为个人法益）；“三分说”是指将犯罪分为侵害个人法益、侵害社会法益及侵害国家法益的犯罪。根据刑法相关规定可将犯罪分为重罪和轻罪、身份犯和非身份犯、累犯和再犯、亲告罪和非亲告罪等。罪刑关系建构的根据问题不仅关涉法定刑存在的正当性，而且关系到犯罪与刑罚之间的合理性。我国罪刑关系建构的根据包括公正惩罚犯罪、有效预防犯罪及最大限度地保护法益。笔者认为，刑法体系是一个有机的统一，其内部的有序协调乃是刑事立法的基本要求，对于法益保护的刑法目的来说，罪刑关系的合理化显得尤为重要。罪刑关系合理化主要包括两个方面：其一，具体犯罪中的法定刑应当与该种犯罪侵害的法益性质及程度相适应；其二，应立足于行为侵害法益的性质及程度，协调罪与罪之间的刑罚分配。刑法的价值只能在合理的罪刑关系中得到体现，也只有建构合理的罪刑关系才能实现保护法益的刑法任务。合理的罪刑关系应具有公平性、人本性、明确性、系统性和科学性。建构合理的罪刑关系，必须遵循法益保护优先性原则、罪刑均衡原则及罪刑关系明确性原则。

第四章对罪刑关系合理性的路径选择进行了论证，该章是以法益保护优先性之贯彻、罪刑关系立法之改进以及若干具体犯罪罪刑关系立法之完善为视角的分析。笔者主张，类罪划分及其排列顺序应体现法益保护优先性原则。应在罪刑关系的建构中贯彻优先保护个人法益的观点。法益保护的顺序安排，不单单是形式体例的问题，其在法规范的背后则是国家观及社会观的形塑和确证。将侵犯个人法益的犯罪置于刑法分则的首位，彰显了个人权利本位、个人法益优先保护的理念。在刑法理论中，提倡和探索按照侵犯个人法益的犯罪居首、侵犯社会法益的犯罪居中、侵犯国家法益的犯罪殿后的顺序进行论述，不仅有利于表达个人法益优先的刑法根本价值，有利于准确把握各类犯罪法益侵害性的本质，而且能够引导社会民众观念的转变和推动立法者法益保护之价值观的改进。量刑基准一般是在刑法总则规范中予以规定，量刑基准虽然只是对刑法裁量具有直接的归置作用，但定罪量刑是使具体的罪刑关系现实化的司法活动，因此，量刑基准的立法完善也是罪刑关系研究中不可忽视的一个关联问题。准确定罪和适当量刑是合理的罪刑关系实现的归宿。量刑基准中应包含责任要素和预防要素。笔者建议，在我国的量刑基准的立法规定中应增加规定：在侵害个人法益的犯罪中，法院在量刑时，应当考虑犯罪人为补偿损害和被害方达成协议所作的努力，并应合理考量被害方提出的对犯罪人量刑的建议。这种立法规定和现代社会中刑法应有的优先保护个人法益的旨趣紧密相关，其所蕴含的精神与恢复性司法制度的理念相契合，在一定程度上保证了被害人利益与被告人利益的考量趋于一致，使两者利益具有了内在统一性。关于罪刑关系规范立法之改进，笔者提出：罪刑规范中应采用明示式罪名确定方式。罪名确定权属于立法权的范畴，明示式的罪名确定方式不仅更符合罪刑法定原则的要求，而且便于司法实务中使用罪名的准确和统一。具体犯罪法定刑的确定，是以通常情况下该犯罪对法益的侵害或威胁可能达到的最高限度和最低限度为依据的。立法机关对具体犯罪建构罪刑关系时，必须综合考量行为侵犯的法益性质、法益数量、行为样态、行为造成或可能造成的危害结果等因素，并应准确把握基本犯、加重犯或减轻犯的构成要素，与具体化、类型化的犯罪情节相对应的法定刑的关系应均衡、合理。由于对法益的侵害性具有一定程度的“变易刑”，罪刑关系的合理性不具有绝对静态上的意义，犯罪与刑罚的均衡、合理关系是随着时代的变化、国家和社会的变化而不断变化的，这一点在“法定犯”中表现尤为明显，因此，立法机关应当根据不同时代、不同国家和社会的情况去建构合理的罪刑关系。刑事立法上的罪刑关系合理，是刑事司法上实现量刑公正的前提，减轻处罚不是背离法定刑，而是应以立法上建构的相应罪刑关系为依据。立法上对各种具体犯罪配置了轻重不等的法定刑，法官只有找准了与犯罪情节相对应的法定刑，才能在它的范围内求解宣告刑的最佳适度。对共同犯罪中的被告人适用减轻处罚裁量刑罚时，应考量刑罚分配的公正、合理，避免同案被告人之间量刑的畸轻畸重。罪与罪之间法定刑的平衡，是罪刑关系合理性的基本要求，我国现行刑法中具有可比性的犯罪之间法定刑的失衡主要表现在：1. 侵犯的法益相同或相似的犯罪之间法定刑失衡；2. 侵犯的法益迥异而法定刑相同或相似；3. 故意犯罪与过失犯罪的法定刑缺乏协调。修正罪刑关系的失衡，首先必须对刑法所欲保护的法益价值之轻重有科学的认识和合理的评价，其次应重视犯罪情节细密化与法定刑罚精确化的立法改进。进一步言之，犯罪情节细密化的要求有两点：其一，应更多采用列举性规定，增加犯罪情节立法规定的明确性；其二，应加速酌定情节法定化的立法进程。法定刑罚的精确化应做到：其一，罪刑规范中应设立一罪一刑，取消援引性的法定刑；其二，强化主刑与附加刑之和的“刑量”对称犯罪之“刑量”的观念；其三，加强对于减轻处罚等刑罚裁量制度的研究。笔者认为，在减轻处罚的司法适用中，应注意区别立法上对减轻处罚的规定方式。笔者同意减轻处罚原则上应有格的限制的观点，但对于那些既作为减轻处罚也作为免除处罚，以及法定的应当减轻处罚的情节，在适用减轻处罚时，在法定刑以下一格判处刑罚仍过重的，则不宜受制于格的制约。在对主刑和附加刑均减轻处罚时应予考虑主刑与附加刑之间的“此消彼长”的关系，同时，亦应考量犯罪人的“受罚能力”。此外，对于具有不同身份的人共同实施的犯罪定性的研究，不仅具有理论价值，而且对于实现罪刑关系的合理性也具有重大的现实意义。立足于现行立法规定，从解释论角度析之，笔者认为，对不同身份者实施的共同犯罪的定性应分别确立以下标准：首先，应考虑以实行行为来认定共同犯罪的犯罪性质。实行行为与被害法益是直接相连的，而法益性质决定罪质，实行行为显然也是与实行行为之人的职务便利相关联。其次，应考虑实行行为的主次关系。当不同身份者实施的共同犯罪中存在两个或两个以上实行行为时，则应以主要实行行为来认定共同犯罪的性质，主要实行犯的行为与被害法益被侵害的结果之间表现了质的因果联系。最后，不同身份者实施的共同犯罪中，如果实行行为的主次关系不易区分，或者说，从对法益被侵害的原因上看，两个或两个以上的行为作用相当，则应分别定性，即根据犯罪主体的不同而区别定罪。我国刑法理论及司法实务排斥异种罪名的共同犯罪的做法是不可取的。以笔者之见，行为人实施的行为是否构成共同犯罪是一种实施的判断，而罪名只是一种规范评判。关于共犯本质的部分犯罪共同说不仅可以合理认定现实中的非身份犯的共同犯罪，也能成为身份犯的共同犯罪确定相异罪名的法理依据。从立法论角度观之，我国刑事立法应明确规定异种罪名可以构成共同犯罪，对不同身份者构成的共同犯罪分别定罪量刑，更能体现立法原意，更容易做到罪刑均衡。以我国刑法规定的职务侵占罪和贪污罪为例，两罪在利用职务之便、犯罪目的和手段行为样态上都有相同之处。随着我国政治体制和经济体制改革的推进，为了完善罪刑关系规范，避免引起不必要的案件定性的争议，可以考虑将职务侵占罪和贪污罪整合为一个罪名。为了体现对国家工作人员更严格的职务廉洁性要求，在法定刑的设置上，可以规定对国家工作人员从重处罚或者制定单独的法定刑。这种立法模式同样也能成为解决公务贿赂和商业贿赂等犯罪问题的一个途径。在对减轻犯和加重犯立法的研究中，笔者认为，我国刑法规定加重犯的条款较多，但规定减轻犯的条款较少。究其原因，这与立法者更为重视威慑性的刑法规范的规定，而对激励性的刑法规范的建构重视不够有直接的关系。重视激励性的刑法规范的制定，改革具体犯罪罪刑关系中列举从重处罚及加重情节的偏一做法，对一些犯罪中出现的典型的可以或者应当从轻、减轻处罚的情节亦应列举，这对于实现罪刑关系的合理性、最大限度地保护法益均具有重要的现实意义。本章最后，笔者在审视我国刑法规定的几种具体犯罪罪刑关系立法缺陷之基础上，提出了完善故意伤害罪、绑架罪、侵犯少数民族风俗习惯罪、监管渎职罪、受贿罪以及挪用公款罪罪刑关系立法的建议。

目　录

第一章　法益界说

法所欲保护的利益是任何法律在创制时就必须考虑的重要问题。惩罚犯罪、保护法益既是刑事立法的动力根据，亦是刑法的任务。开展对于法益的研究，尤其是法益保护的优先性与罪刑关系的合理性的研究，无疑有助于我们准确地进行法益的价值定位，合理地解决罪刑关系立法中的公正性问题。从这个意义上说，研究法益在刑法理论中的定位与内涵，不仅是建构科学的刑法分则体系及修正罪刑关系失衡的诉求，更是满足刑罚目的之追求和实现刑法任务的需要。

第一节　法益的界定

一、法益的概念

法益是刑法上的特有概念，还是一般法的共有概念？刑法理论界意见并不一致。一般认为，所谓法益，指由法所保护的利益或价值。我国有学者将这一概念予以展开，认为“法益是根据宪法的基本原则，由法所保护的、客观上可能受到侵害或者威胁的人的生活利益”[①]。我国一些学者为了区别这种一般性的法益概念，主张使用“刑法法益”的概念表述，并认为“刑法法益即是受刑法规范保护的利益”[②]。

笔者赞成并主张全面贯彻法益应作为刑法上特有概念的观点。法益，是犯罪论不可或缺的范畴，具有不可动摇的地位。从学说史上论之，将法益概念导入刑法学之中，旨在从理论上以法益限定犯罪概念的过分扩张，并使其暧昧的观念臻于明确。“法益被西方学者视为刑法中确定犯罪实质概念的基础，是刑事立法和刑事司法的根基。在我国的刑事立法和刑事司法中，法益概念尚未得到充分的关注。实际上，我国现行刑法第 2 条、第 13 条的规定中已蕴涵了这一内容。”[③] 那么，怎样界定法益的内涵和外延呢？仅从表述的字面意义来看，法益可以表示多种法律保护的利益。“所有的法都是保护法益的，刑法也不例外。由于利益的复杂性以及不法行为的差异性，相同的利益常常有多种法来保护。与一般部门法不同的是，刑法所保护的利益范围较广。一般部门法只是保护各个方面的法益。”[④] 有学者为了区分刑法保护的利益和其他法律保护的利益，将刑法规范保护的利益称为刑法法益。[⑤] 笔者认为，姑且不论将刑法规范保护的利益和其他部门法保护的利益对应起来是否科学，仅从法益概念的产生与确立过程及其具体内容来看，将法益概念限定在刑法范围内是合适的。我国台湾地区学者陈志龙先生认为，界定法益时必须遵守以下三

---

① 张明楷：《法益初论》，北京：中国政法大学出版社，2000 年，第 167 页。

② 杨春洗、苗生明：《论刑法法益》，《北京大学学报》（哲学社会科学版），1996 年第 6 期，第 13 页。

③ 杨春洗主编：《刑法基础论》，北京：北京大学出版社，1999 年，第 259 页。

④ 张明楷：《法益初论》，北京：中国政法大学出版社，2000 年，第 176 页。

⑤ 参见杨春洗、苗生明：《论刑法法益》，载杨春洗主编：《刑法基础论》，北京：北京大学出版社，1999 年。

个原则：第一，法益概念必须和国家保护法及国家意识分开，纯粹以刑法的观点来界定法益，即法益概念只能限定在刑法范围内，而不能基于政治学或经济学上的考虑来处理。他说，基于政治或经济上的考虑，涉及的是现实利益或者谋略性的利益，而与具体的客体或保护客体没有关系；如果基于政治或经济上的考虑来界定法益，便使法益受到非刑法因素的左右，这会对刑法理论和刑法实务构成潜在的危险，因为这种法益概念捉摸不定，随政策摇摆，而不是一个确定的概念。基于政治或经济上的考虑来界定法益，是在刑法理论不发达的国家最常犯的观念错误，这种错误观念误解了刑法本质，认为刑法是统治者的控制工具。其实，在民主法治时代，刑法有其独立的目的，即确保人类社会长久以来所承认的一些权益，与为统治者服务的观念无关。上述错误观念常常导致政治左右司法的不良现象，从而使法益概念在刑事司法中被恣意解释，发生政治支配性的后果。他还说，基于政治与经济上的考虑来界定法益，将产生国家法益与社会法益，从而使刑法的本质在于保护个人法益的思想遭受否定，德国纳粹时代的法益概念便是如此。第二，法益概念必须和“人类”概念有所关联。刑法所处罚的是人类的行为，刑法的本质也在于对某些人类的行为予以非难，但是，如果行为并无法益侵害或者危险，则不能将其列入刑法的处罚对象，否则便违背了“无法益侵害便无刑罚”的原则。刑法目的与人别无二致，只有与人相关时才有刑法目的存在的余地；任何法律理论，仅能以人为其理论依据，法律的始源亦是人的自然（或是理性），因为法律应为人服务；刑法的保护对象系以单一的个人为其核心，而此所谓的人则以活的人之保护为其服务的范围，故刑法的服务系为“人的实际存在”。第三，法益概念不必和文化权益有关。德国有学者将法益概念建构在文化权益的基础上，但是，如果能再深入探讨，并且注意到刑法目的，法益概念就没有必要与文化权益相联系。

首先，刑事立法者在选择刑法的保护客体时，并没有以文化权益为基础，没有以文化权益作为其决定标准。其次，刑法目的和其他法律目的一样，旨在为人类（社会人）服务，其他法律（如民法）不是文化法，刑法也不是文化法，故在界定法益概念时，与文化权益挂钩是没有道理的。再次，刑事立法者在决定犯罪化与非犯罪化问题时，根本不是由文化本身来决定的，也不是由社会人来决定的，而是由统治阶层的观点来决定的；文化权益在评价其重要性时，含有主观性在内，不同的政治统治者可以对同样的文化权益作不同的评价，如果以文化权益来界定法益，必然使法益性质缺乏稳定性。最后，退一步说，如果以文化权益作为界定标准，而在不同文化世界又存在不同的文化，那么，某些权益为何在不同的文化世界中被评价为不同的文化，而在刑事立法上却作为同样的犯罪类型犯罪化？显然，文化权益在此扮演的是毫无实际意义的角色。[①] 陈志龙先生的上述见解虽然是针对德国长期以来关于法益概念的争议所提出来的，在笔者看来，其关于界定法益概念的观点还是具有一定的合理性。诚然，刑法与其它法所保护的利益都是法益，例如，财产受到刑法的保护，在刑法上属于法益。民法也保护财产，财产在民法上也是法益。刑法法益与其它法益的关系，在某种意义上也就是刑法与其他法的关系。民法保护的利益刑法也可能保护，因此，民法法益也可能成为刑法法益。[②] 在此意义上说，将法益界定为刑法所保护的人的生活利益未尝不可。

---

① 参见张明楷：《法益初论》，北京：中国政法大学出版社，2000 年，第 160—162 页。

② 参见张明楷：《法益初论》，北京：中国政法大学出版社，2000 年，第 164 页。

二、法益的机能

关于法益的机能，学者有不同的见解。意大利刑法学者杜里奥·帕多瓦尼认为，“法益”这一概念具有多重的功能：该概念具有注释—运用功能（能准确地说明犯罪所侵犯的“法益”，有助于理解刑法规定的目的）；系统分类功能（可以按照犯罪所侵犯的法益对犯罪统一进行分类，如洛克法典就是用这种方法按犯罪客观上所侵犯的法益将犯罪分为侵犯人身的犯罪、侵犯财产的犯罪、危害公共安全的犯罪等）；系统的界定功能（任何犯罪都必须以侵犯特定法益为自己存在的条件）和刑事政策功能（立法者必须以对法益的侵害作为确定可罚性行为的标准）。[①] 亦有学者认为，法益的机能可以概括为四个方面：1. 对犯罪的分类机能。按照法益三分说对犯罪进行分类，可以分为对个人法益之罪、对社会法益之罪、对国家的法益之罪，使犯罪类型体系化。2. 法益对刑法的解释具有方法论的机能。这个意义上的法益，叫作“形式的方法论的法益概念”。法益的方法论的机能，指法益作为指导刑法的目的论的解释的观点之一，具有重要的意义。3. 法益对于决定违法性的有无具有重要的作用。把违法性的实质解释为对法益的侵害或威胁的观点一度成为理论上的通说。学说上把对法益的侵害或威胁解释为违法性的实质，以此为唯一原理的思想，叫作“法益侵害说”。法益侵害说认为违法性中心在于“结果无价值”之中，忽视了“行为的无价值”的重要性，因而是不可取的。在此意义上，法益侵害说虽然具有可商榷之处，但作为其结论，全面否定作为违法性实质的对法益的侵害或

① 参见［意］杜里奥·帕多瓦尼：《意大利刑法学原理》，陈忠林译，北京：法律出版社，1998 年，第 77 页。

威胁，这个“结果的无价值”要素的意义也是错误的。4. 法益具有决定罪数的机能。法益分为专属法益与非专属法益。依照学说和实例的见解，侵害非专属法益时，包括地计算罪数；侵害专属法益时，则依法益主体之被害人数计算法益。至于国家法益与社会法益，通常以包括的方法计算罪数。[①] 还有学者认为，法益具有下列机能：1. 法益的刑事政策机能。这一机能主要表现在以下几个方面：第一，使刑事立法具有合理目的性的机能；第二，使刑法的处罚范围具有合理性的机能；第三，使刑法的处罚界限具有明确性的机能。2. 法益的违法性评价机能，大陆法系国家的犯罪论体系的通说是构成要件符合性、违法性与有责性。关于违法性的本质，实质的违法性论中存在法益侵害说与规范违反说之见解，在法益侵害说与规范违反说之间，则以法益侵害说为通说。根据法益侵害说，只有当行为侵害或者威胁了法益，才可能具有实际的违法性，因此，作为实质的违法性根据的事实是结果，这里的结果包括对法益的侵害及侵害的危险。这便是法益的违法性评价机能。即行为是否具有违法性，是根据法益是否受到侵害或者危险来评价的。此外，法益概念揭示了违法性阻却事由的实质并进一步说明超法规的违法阻却事由。在许多情况下，侵犯法益的行为同时是为了保护另一法益，事实上也保护了另一种法益，这就需要判断这种行为是否具有实质的违法性，而判断的基本标准就是法益的比较衡量。任何国家的刑法都规定了一定的违法性阻却事由，但任何国家的刑法都不可能毫无遗漏地将所有的违法性阻却事由规定下来，即使在刑法没有明文规定的情况下，某些事由也被公认为是违法阻却事由，即超法规的违法阻却事由。确定超法规的违法阻却事由的实质理由只能是法益概念。

① 参见马克昌：《比较刑法原理》，武汉：武汉大学出版社，2002 年，第 163—164 页。

3. 法益的解释论机能。法益具有作为犯罪构成要件解释目标的机能，即对犯罪构成要件的解释结论，必须是符合这种犯罪构成要件的行为确实侵犯了刑法规定该犯罪所保护的法益，从而使刑法规定该犯罪、设立该条文的目的得以实现。由于法益具有解释论的功能，所以，对某个刑法规范所要保护的法益内容理解不同，就必然对犯罪构成要件理解不同，进而导致处罚范围的宽窄不同。4. 法益的分类机能。所谓的法益分类机能，实际上是指法益具有作为犯罪分类标准的机能。对犯罪进行分类是罪刑法定原则的要求。因为根据民主主义与尊重人权主义的思想基础，罪刑法定并不是指对犯罪作笼统的规定，而是要作具体的、明确的规定。就犯罪而言，刑法理论完全可以根据不同的标准进行不同的分类，但根据法益进行的分类则具有重大意义。①

确实，根据不同的概括方法，会总结出不同的法益功能。笔者认为，法益具有下面四个主要功能：1. 违法性评价功能。法益的违法性评价功能是指根据法益是否受到侵害或者危险来评价行为是否具有违法性。也就是说，只有当某一行为客观上侵害或者威胁了法益，才可能具有实质的违法性。法益的侵害以及侵害的危险是判断行为实质的违法性根据，确定某一行为是否应当规定为犯罪，其关键在于该行为是否侵害或威胁了刑法所应当保护的利益即法益。2. 解释论功能。解释论功能，是指法益的观念具有指导刑法的解释作用。法益在刑法的解释论中，特别重视价值论和目的论的解释方法。法是国家的规范，法益必须体现国家的进而体现社会的价值。具体言之，法益的解释论功能主要是指法益具有作为犯罪构成要件解释目标的功能。符合犯罪构成的行为就是犯罪。刑法中规定的每一种犯罪，都有其特定的法益作为

---

① 参见张明楷：《法益初论》，北京：中国政法大学出版社，2000 年，第 196—236 页。

保护的客体。3. 分类功能。法益的分类功能，是指根据法益的不同而划分的犯罪类型。每一种具体犯罪，都必然侵害一个或数个具体的法益。而法益不同决定了罪质的差异。因此，根据法益可以划清不同犯罪类型之间的界限。立法者正是根据对法益的性质和地位的认识，构建出刑法分则的体系。4. 罪刑关系建构的功能。法益的罪刑关系建构的功能，指法益性质及侵害所表现的犯罪情节是罪刑关系建构的基准。罪刑关系的立法建构应是贯彻罪刑均衡原则。罪刑均衡主要体现在两个不同方面，即刑罚与罪质相适应、刑罚与犯罪情节相适应。首先，不同的罪质，标志着各该犯罪行为侵害、威胁的法益性质不同。罪质就是犯罪构成主客观要件统一表现的犯罪性质，它是犯罪的质的规定性。犯罪行为侵害不同的法益，正是表明各种犯罪具有不同的危害程度，是决定刑事责任大小的根本所在。危害人身权利的犯罪重于侵害财产的犯罪、故意杀人罪重于故意伤害罪等，就是由各自的法益种类及内容决定的。国家的刑事立法，根据所保护并被犯罪行为所侵害的法益种类及内容的不同，制定与之相对应的轻重有别的法定刑。其次，在侵害的法益相同的犯罪中，由于案件的犯罪情节不尽相同，其危害程度也颇不一样。不同的犯罪情节反映了各该犯罪行为侵害、威胁法益的程度，要使刑罚真实地反映形形色色的具体案件的危害程度，罪刑关系的建构就应注重刑罚与法益侵害所表现的犯罪情节相适应。

三、法益的分类

“分类是按照一定的标准，根据对象的共同点和差异点，将对象划分为不同类别的逻辑方法。对于同一对象，我们可以采取不同的标准对其进行不同的分类。”① 根据法益标准对犯罪进行分类，主要表现在以下几个方面：

（一）根据法益主体的分类

根据法益主体对法益进行分类，法益可分为国家法益、社会法益和个人法益。国家是现代社会基本的社会组织，一切社会生活与经济生活都是在国家组织下进行的。刑法不仅是国家制定的，而且它主要用于保护国家利益。国家法益是指国家专属的法益。刑法对国家法益的保护，主要是通过惩治危害国家安全罪和危害国防利益罪体现出来。“由于在一定的历史阶段，国家的存在有其客观必然性，而且国家本身也是由一定的物质生活条件所决定的。因而，对国家的保护，体现了刑法存在的客观价值。”② 同时，由于对犯罪的评价是以国家立法形式出现的，因此，国家为维护自己的生存基础，必然将侵犯国家法益的行为规定为犯罪。在现代社会，社会法益是一种公共利益，是社会不特定多数人所共有的超越个人利益的法益。因此，对社会法益的保护，也是刑法的重要任务之一。刑法对个人法益的保护，主要是通过惩治侵害个人利益的犯罪而实现的。个人法益是最基本、最广泛的法益。在现代社会，公民个人的生命自由、安全和财产等这样一些基本权利都已纳入刑法保护的范围。值得注意的是，国家法益、社会法益与个人法益既有区别又具有密切联系。以社会法益与国家法益而言，维护社会秩序是国家的重要职能之一，没有稳定的社会秩序就不会有稳定的国家统治，因为国家统治建立在社会秩序的基础之上。就国家法益、社会法益与个人法益的关系而

① 张明楷：《法益初论》，北京：中国政法大学出版社，2000 年，第 236 页。

② 陈兴良：《刑法的价值构造》，北京：中国人民大学出版社，1991 年，第 189—190 页。

论，国家法益和社会法益无非是个人法益的一半，是个人的共同利益，个人法益不是独为个人所享有而与国家社会无关的法益，一般而言，侵害个人法益的行为都必然侵害到国家和社会。边沁认为，虽然个人利益与公共利益是统一的，但公共利益不过是个人利益的总和，真实存在的还是个人利益。边沁说："个人利益必须服从社会利益。但是……这是什么意思呢？每个人不都是像其他一切人一样，构成了社会的一部分吗？你们所人格化了的这种社会利益只是一种抽象，他不过是个人利益的总和……如果承认为了增进他人的幸福而牺牲一个人的幸福是一件好事，那么，为此而牺牲第二个人、第三个人以至无数人的幸福，那更是好事了……个人利益是惟一现实的利益。"① 没有一个个具体、鲜明的个人利益，何来真正的国家利益？因此，可以认为，任何一种国家法益、社会法益都能够还原为一种个人利益。"社会法益能还原成保护国民乃至居民的利益，只有它才应受到刑罚法规的保护。"② 我国宪法第 2 条规定："中华人民共和国的一切权力属于人民。"因此，国家法益和社会法益如果无法还原成个人利益，是不能成为刑法保护对象的。在我国，国家利益、社会利益与个人利益具有高度的一致性，国家的一切活动都是为了使人民群众过上体面而有尊严的生活，为了满足人民群众日益增长的物质生活与精神生活的需要，必须充分保护国家、社会以及人民群众享有的各种合法权益。为了保护这些合法权益，必须制止一切侵犯人民群众已经享有的权益的行为，其中对严重侵犯这些权益的行为必须规定为犯罪并追究刑事责任。根据法益主体对

---

① ［英］边沁：《惩罚和奖赏的理论》（巴黎版，第二卷），1826 年，第 229—230 页。

② ［日］西原春夫：《刑罚的根基与哲学》，北京：三联书店，1991 年，第 46 页。

法益予以分类，法益还可分为公法益与私法益。公法益是指法律所保护的公法性质的利益，也称为“整体法益”，具体是指国家法益与社会法益。私法益即指个人法益，具体包括生命法益、身体健康法益、个人财产法益、自由法益、个人名誉法益等。

（二）根据法益内容的分类

“各形各色之犯罪行为，能够井然有序地规定于刑法分则中，即是依据法益之分类，编排而成者。因此，法益也成为刑事立法上之重要依据。”① 近现代国家的刑法分则，一般都是根据犯罪所侵害或威胁的法益内容对犯罪进行分类。例如，德国刑法根据犯罪所侵犯的法益内容不同，将犯罪分为 29 类；我国刑法也是根据法益内容即通说的同类客体，将犯罪分为 10 类。在根据法益内容对犯罪进行分类之后，原则上就应当在各类犯罪的同类法益之内理解各具体犯罪的法益。只有立法上存在缺陷，需要补正解释时，才不得已超出各类犯罪的同类法益理解某种具体犯罪的法益。值得注意的是，近现代国家的刑法分则在根据法益内容进行分类时，在是否标明各类犯罪的法益问题上，出现了三种不同的立法例。第一种立法例是标明了每一类（章）犯罪的法益。如俄罗斯联邦刑法典与意大利刑法典，对每一类犯罪都标明了法益内容。采取这种立法例，要求立法者准确地标明各类罪的法益；如果出现立法上的缺陷，往往会导致保护法益的目的难以实现或者扩大了处罚范围。第二种立法例刚好相反，没有标明各章犯罪的法益，只是使用了某种概括性的罪名。如日本刑法分则的章名都没有指明法益的内容，完全由刑法理论与司法人员进行理解和适用。因此，日本刑法分则将“伪证罪”、“诬告罪”规

① 林山田：《刑法特论》（上册），台湾：三民书局，1978 年，第 6 页。

定在“伪造印章罪”之后、“威胁、奸淫和重婚罪”之前，但由于其章名没有标明法益内容，刑法理论与审判实践仍然可以认为本罪的法益一方面是国民的人身权利，另一方面是国家的审判作用。再如，虽然日本刑法分则将强奸罪、强制猥亵罪规定在“猥亵、奸淫和重婚罪”一章中，并置其于侵犯社会法益犯罪的地位，但由于章名没有标明法益内容，故刑法理论与审判实践仍然认为，强奸罪与猥亵罪是对性的自由权的犯罪。第三种立法例是对部分类罪标明法益内容，对另一部分没有标明法益内容。德国、法国、瑞士、奥地利等国刑法分则就是如此。如德国刑法分则中，有的章名叫“妨害宪法机关及选举和表决的犯罪”、“反抗国家权力的犯罪”、“妨害公共秩序的犯罪”、“妨害性自由的犯罪”、“侵害他人生命的犯罪”、“侵害他人人身自由的犯罪”、“危害公共安全的犯罪”等。而有的章名叫“叛国罪与外患罪”、“诬告犯罪”、“伤害罪”、“盗窃及侵占犯罪”、“诈骗及背信犯罪”、“破产罪”等。那些没有标明法益的犯罪，要么是因为几类罪的法益相同，要么是该类犯罪的法益内容难以确定，只好留待刑法理论与司法实践来确定。这样便有利于法益保护的目的。[①]

虽然英美法系国家不使用刑法法益这样一个概念，但是在英美学者或刑事立法中我们依然看到以法益的部分内容作为标准给犯罪分类的影子。例如，边沁在《立法理论——刑法典原理》一书中将犯罪根据被害人身份分为私罪，反射罪、半公罪、公罪四类。同时又根据侵害个人幸福的类别将私罪（即个人犯罪）分为侵犯人身的犯罪、侵犯财产的犯罪、侵犯名誉的犯罪、侵犯身份的犯罪。反射罪是侵害自己的犯罪，分类与前一种相似。半

① 参见张明楷：《法益初论》，北京：中国政法大学出版社，2000 年，第 237—238 页。

公罪所侵犯的是社会的某一部分，一个地区、一个特定的社团、一个教派、一个商行，或者是出于共同利益而成立的协会。半公罪的类别存在于那些违反旨在保护某一地区居民使他们免受各种肉体灾难侵害的法律行为中，存在大部分的半公罪（相当于危害公共安全的犯罪）。公罪的类别可以分为九类：对外部安全的犯罪、妨害司法的犯罪、妨害治安的犯罪、对公共力量的犯罪、对公共财富的犯罪、对国家人口的犯罪、对国民财产的犯罪、对统治权的犯罪、对宗教的犯罪。① 边沁对犯罪的分类，自觉或不自觉地体现了法益内容在犯罪分类中的指导作用。在美国，关于具体犯罪的分类，各司法管辖区的刑法和各种刑法著作都不完全相同，有粗分为侵犯人身罪（crimes against the person）、侵犯财产罪（crimes against property）和其他犯罪等三类；也有细分为侵犯人身、侵犯财产、违反公德、危害公共秩序、侵犯政府管理职能等几类罪的②。英美国家对犯罪从学理上的分类来看也不能彻底摆脱刑法法益内容的影响，从人身、自由、名誉、财产等刑法法益角度对犯罪作出分类。③

根据法益内容的分类，法益还可以分为有形法益与无形法益、专属法益与非专属法益。有形法益是指能被人的感官直接感知、可以触及的、能够反映客观的有形事物的法益，如身体、财产等；无形法益是指不能被人的感官直接感知、不可能触及的非物质利益，如自由、名誉、人格、尊严、贞操等。专属法益是指特定人所固有与其人格不能分离的法益。专属法益的特点是具有不可转让性和不可替代性，如个人的生命权、健康权、自由权与

① ［英］边沁：《立法理论——刑法典原理》，北京：中国人民公安大学出版社，1993 年，第 2—4 页。

② 储槐植：《美国刑法》，北京：北京大学出版社，1996 年，第 171 页。

③ 参见丁后盾：《刑法法益原理》，北京：中国方正出版社，2000 年，第 129—130 页。

名誉权等；非专属法益也称为“一般法益”，是指一般人都可享有的法益。其特点是与人格无关，可以自由转让或自愿放弃，如财产权。

（三）根据法益受侵害形态的分类

刑法理论上一般将犯罪分为形式犯与实质犯，所谓形式犯，指只是形式上违反法规的命令而成立，不以侵害法益的抽象的危险发生为必要的犯罪。在行政取缔法规中，根据保护法益的需要命令或禁止一定的行为，而且因为只是形式上违反设置处罚的为直罚规定。直罚规定是规定使各个法规直接保护的法益间接造成危险的犯罪的情况，这种犯罪是形式犯。[①] 所谓实质犯，指以对刑罚法规保护对象的法益造成侵害或者危险作为构成要件要素的犯罪，进一步可分为侵害犯和危险犯。侵害犯是以侵害一定的法益作为处罚根据的犯罪；危险犯是以发生法益侵害的危险作为处罚根据的犯罪。至于既遂犯与未遂犯的区别，显然实际上也取决于具体法益是否受到了实际侵害。一个具体的犯罪究竟是侵害犯还是危险犯，取决于对该罪法益的认识。例如，诬告陷害罪：如果认为本罪的法益是人身权利，那么，它就是危险犯，因为成立本罪并不以被诬陷人实际上受到刑事追究为根据，只要使被诬陷人有受到刑事追究的危险即成立本罪；如果认为本罪的法益是司法活动的客观性与公正性，则本罪可能是危险犯。因为侵害司法机关正常活动的行为，也只是具有损害司法活动客观性、公正性的危险，而非实际上侵害了司法活动的客观性与公正性。从犯罪的终了与法益侵害的关系来看，可以将犯罪分成即成犯、状态犯与继续犯（请注意：这里都是从既遂角度而言的）。即成犯，是

① 参见马克昌：《比较刑法原理》，武汉：武汉大学出版社，2002 年，第 199 页。

指一旦发生法益侵害，犯罪便同时终了，犯罪一终了法益就同时消灭的情况，故意杀人罪便是如此。状态犯，是指一旦发生法益侵害，犯罪便同时终了，但即使犯罪终了，法益侵害的状态仍在持续的情况。继续犯，是指在法益侵害的持续期间犯罪也在持续的情况。非法拘禁罪是其适例。某种犯罪是即成犯还是状态犯，在某种程度上取决于对该罪法益的认识。例如，如果认为盗窃罪的法益是财产的所有权，那么，盗窃罪就是状态犯。因为一旦财物被他人窃取，被害人“不能作为所有权人支配财物的状态”便会持续，但盗窃罪随着窃取行为的完成而终了。如果认为盗窃罪的法益是对财物的占有，那么，盗窃罪就是即成犯。因为一旦占有了他人的财物，犯罪便同时终了，犯罪一终了，他人对财物的占有便丧失。某种犯罪是状态犯还是继续犯，在某种程度上也取决于对该罪法益的认识。例如，非法拘禁罪的法益是自由，持续拘束的每时每刻，都与开始拘束时一样地剥夺了自由；可以认为，实施了“开始拘束”的行为后，其后与此具有等同价值的“不释放”被害人的不作为就在继续，因此，应当认定为继续犯。但在盗窃的场合，行为人侵夺他人对财物的占有，具有重大的侵害性；与此相比，此后被害人不能使用该财物的状态则不具有这种程度的侵害性。所以盗窃罪不可能是继续犯，充其量是状态犯。① 此外，在法益的分类研究中，未见有学者论及作为犯、不作为犯以及持有犯，笔者倾向于认为，根据法益受侵害形态对犯罪进行分类，亦可将犯罪分为作为犯、不作为犯以及持有犯。对此，尚有待于作进一步研究。

---

① 参见［日］平野龙一：《刑法总论Ⅰ》，日本：有斐阁，1972 年，第 132 页以下；张明楷：《法益初论》，北京：中国政法大学出版社，2000 年，第 246—247 页。

第二节　法益与相关范畴

一、法益与利益

从法益作为刑法上的特有概念的观点出发，法益即是刑法所保护的利益。刑法最重要的使命，就在于保护合法利益不受犯罪行为的侵犯。刑法所规定的各种具体犯罪应承担的法律后果——刑罚，即是达到保护法益目的的必要手段。

利益是人类社会生活中的重要社会现象，利益观念也是这一社会现象在人们头脑中的意识反映。利益问题是一个重大的现实问题，利益牵动人们的每一根神经，左右人们的言行，是人们从事社会活动的内在动力。利益范畴的构成要素有五个方面：第一，需要是形成利益的自然基础。一定的需要形成一定的利益，特别是物质的自然生理需要是形成利益（首先是物质利益）的自然基础。人的需要体现了人对物质生活条件和精神生活条件的客观依赖关系，表现为人对物质需要对象、精神需要对象的自觉指向和情欲追求，它反映了作为需要主体的人对作为需要客体的社会生活条件的感性欲求。需要的内容是客观的，需要的形式是主观的。人的需要是人们进行活动的内在动因，是社会生产力发展的推动力。第二，社会关系是构成利益的社会基础。人的社会属性不仅使人的需要具有社会性，也使利益的形成必然与一定的社会关系相联系。只有在现实的社会关系的基础上，才能形成社会的利益关系。第三，社会实践是形成利益的客观基础。要解决需要主体与需要对象之间的矛盾，就必须拥有足够的现实的需要对象。只有通过社会实践活动，人们才能寻求到需要对象，才能制造出需要对象。同时也只能通过一定的社会关系，才能对这些需要对象进行分配，满足人们的利益需要。第四，人的需要对象是利益形成的实际内容。利益必须以某种方式、某种程度得到满足，也就是说，利益的实现必须以需求对象的存在为前提，离开了任何实际的需求对象，哪怕是精神的需求对象，也就无所谓利益。实际存在的需求对象，既有物质性的东西，也有精神性的东西。人的需求对象既有人的社会实践活动所产生的劳动成果，也有自然界的物质。无论其来源如何，这些需要客体都构成了利益的实际内容，首先是利益的物质内容。第五，人的欲求是利益形成的主观因素。利益尽管有其自然基础、社会基础、客观基础、实际内容，但利益也反映了人对需求的一种主观追求，这种追求表现为在欲求基础上形成的利益兴趣、利益认识，所以人的感性和理性上的对利益的认识是利益形成的主观因素。以上是构成利益范畴的五个基本要素。要形成利益，上面五种要素还必须有机地结合起来。① 利益是一个十分庞大与异常复杂的体系，是由不同性质、不同特点、不同功能、不同类别的利益有机地集合而成的。可以按照不同的分类标准对利益加以分类。譬如，按照利益一般和利益个别的关系来划分，可以划分出个别利益、特殊利益、共同利益、一般利益（普遍利益）；按照利益的实现范围来划分，可以划分出局部利益、整体利益；按照利益的主体差别来划分，可以划分出个人利益、群体（集体、集团）利益、社会整体利益，在这个基础上，还可以划分出家庭利益、企业利益、单位利益、地区利益、阶层利益、阶级利益、民族利益、国家利益等，甚至还可以划分出某个具体主体的利益，如农民利益、工人利益等；按照利益实现的时间来划分，可以划分出长远利益、眼前利益；按照利益实现的重要程度来划分，可以划分出根本利

① 参见王伟光：《利益论》，北京：人民出版社，2001 年，第 68—70 页。

益、暂时利益；按照利益实现与否来划分，可划分出将来利益、既得利益；按照利益的客观内容来划分，可以划分为物质利益和精神利益、经济利益和政治利益等；按社会所拥有的满足人们利益需要的能力来划分，可以划分出现实利益、理想利益。① 应当认为，利益的上述分类能够成为刑法理论和刑事立法上对法益分类的指引。

利益与正义有着一种天然的联系，可以说，现实社会中利益分配的合理性是社会正义的首要内容。质言之，法益保护的深层次意义就是保障利益分配的合理性与对利益保护的适当性。我国有学者认为："正义首先是一种分配方式，无论是利益还是不利益，如果其分配的方式是正当的，能使分配的参与者各得其所；其次，正义是通过正当的分配达到的一种理想的社会秩序状态。"② 边沁指出："立法者的职责是在公共利益和私人利益之间造成调和。"③ 可见，法律是否正义取决于法律是否保护了应当保护的利益。"如果法律平等保护能够满足社会成员生存、发展所需要的利益，而且这种利益并不给他人造成损害，那么，就应当认为是正义的。"④

最大限度地实现保护法益目的只能通过维护社会秩序来达到。在贝卡利亚功利主义刑罚理论体系中，对秩序的保护始终处于首要地位。这从其对社会秩序之于刑罚的决定意义的强调中可以看出。贝卡利亚主张刑罚以预防犯罪为目的，而预防犯罪又只

① 参见王伟光：《利益论》，北京：人民出版社，2001 年，第 74—75 页。

② 徐国栋：《民法基本原则解释》，北京：中国政法大学出版社，1992 年，第 325 页。

③ ［英］罗素：《西方哲学史》（下卷），北京：商务印书馆，1976 年，第 329 页。

④ 参见张明楷：《法益初论》，北京：中国政法大学出版社，2000 年，第 304 页。

是维护社会秩序，进而实现法益保护的手段。因为犯罪构成对社会秩序的侵害，预防犯罪意味着阻止危害社会秩序的行为的发生，自然意味着对社会秩序的保护。贝卡利亚还多次直接将保护社会秩序的需要作为决定刑罚的正当性根据，认为超过“保护正当利益”需要的刑罚便是不适当的刑罚。在边沁建构的刑罚体系中，社会秩序作为刑罚的首要价值的地位更为清晰。其功利主义体系是以“最大多数人的最大幸福”为归宿的理论体系。而“最大多数人的最大幸福”也就是社会的幸福。边沁认为，刑罚与法律都只不过是实现“最大多数人的最大幸福”的手段。应该说，边沁关于所有法律所拥有或者一般应拥有的总的目的是增大社会的总的幸福，并因此而排除损害的主张，与庞德提出的法律的最终目标是保护法益的观点可谓不谋而合。[①] 因此，公正惩罚犯罪、有效预防犯罪虽然是刑罚的目的，但其又只是刑罚的中介性目的，而不是其最终目的。刑罚的最终目的，在于最大限度地保护法益，促成社会幸福。正如霍布斯所说：“良法就是为人民的利益所需而又清晰的法律。”[②] 正因为重视对社会秩序的维护是保护法益的最明显的价值所在，无论是公正惩罚犯罪的第一层次目的还是有效预防犯罪的第二层次目的，无不把秩序的保障及对法益的保护作为考量其实现效果的主要基准。[③]

需要说明的是，刑法所保护的利益只能是相对重要的合法利益，这是由刑法制裁手段的特殊性和刑法的最后手段性所决定的。

---

① 参见邱兴隆：《关于惩罚的哲学》，北京：法律出版社，2000 年，第 236 页。

② ［英］霍布斯：《利维坦》，北京：商务印书馆，1985 年，第 270 页。

③ 参见韩铁：《刑罚目的的层次性辩说》，载《法商研究》，2004 年第 4 期。

二、法益与社会关系

（一）法益与社会关系蕴含的一致性

法益首先必须与法相关联。既然是法益，就不可能是离开法的利益。其次，法益必须与利益相关联。既然是法益，就不可能离开利益。[①] 相比较而言，利益作为法益的具体内容，是一个较为明确的概念。利益，“一般是指人们为了满足生存和发展而产生的各种需要，是由社会客观条件决定的，并存在于具体的社会关系之中”[②]。“社会关系”是我国犯罪客体概念的中心词。在我国刑法理论中，犯罪客体是指刑法所保护而为犯罪所侵害的社会关系。社会关系又被进一步表述为是人们在生产过程中形成的人与人之间的相互关系。现实生活中，人们正是根据某种对象能否满足社会成员的生存与发展的需要判断其是否是利益。人们的需要形成人们的利益，进而形成人与人之间的利益关系。法益与社会关系价值蕴含实际上具有一致性。社会关系包括物质关系和思想关系。物质关系也称为经济关系，是人们在社会生产过程中形成的，即社会的生产关系。物质关系是一切社会关系的基础，人们的政治、法律、道德、艺术、宗教等关系都是建立在社会生产关系基础之上，并受其制约和决定。思想关系是由经济基础决定的上层建筑，或者说是政治关系和意识形态关系。利益是社会关系的体现，具有社会特征。利益首先是社会的物质生产，从而是物质生产方式的产物。利益本身所体现出来的人与人之间的关

---

① 参见张明楷：《法益初论》，北京：中国政法大学出版社，2000 年，第 162 页以下。

② 沈宗灵主编：《法理学研究》，北京：上海人民出版社，1989 年，第 58 页。

系，首先也是一种物质的、经济的关系，其次才是思想的、政治的、伦理的关系。利益的形成需要一定的社会关系，利益的分配也需要一定的社会关系。离开了社会关系，也就无所谓利益。①我国有学者认为，社会关系受制于某种特定客体、实物。无实物的关系是不存在的。像每一种社会关系须以“自己”的实物为前提一样，这一实物本身也是社会关系。要成立社会关系，必须要以人、物为中介和纽带，否则社会关系就只会是形式的外壳而无实质的内容。社会关系最首要的表现是社会利益，客观性和实在性是构成所有社会关系的最重要的特性之一。② 可见，法益与社会关系不仅具有价值蕴含上的一致性，而且可以说是一个问题的两个方面。恩格斯说：“每一个社会的经济关系首先是作为利益表现出来。”③ 马克思指出：“私人利益本身已经是社会所决定的利益，而且只有在社会所创造的条件下并适用社会所提供的手段，才能达到；也就是说，……它的内容以及实现的形式和手段则是由不以任何人为转移的社会条件决定的。”④ 董必武也曾说过：“一切犯罪行为都是侵害我们国家和人民利益的，都是侵犯我国正在发展中的社会关系的，它不单纯是犯罪者同被害者个人间的矛盾问题，而且是同国家和人民的利益相矛盾的，是同社会主义社会关系相矛盾的。”⑤ 应当说明的是，利益反映的是一定主体在一定的生产关系中的各种需要，在现实生活中，这种主体对一定对象的需求关系必然表现为一种人与人之间的利益关系，

① 参见王伟光：《利益论》，北京：人民出版社，2001 年，第 71 页。

② 参见李晓明：《论对犯罪客体的质疑》，载《法学杂志》，2001 年第 5 期。

③ 《马克思恩格斯全集》第 18 卷，北京：人民出版社，1964 年，第 307 页。

④ 《马克思恩格斯全集》第 46 卷上册，北京：人民出版社，1979 年，第 102 页以下。

⑤ 转引自高铭暄主编：《刑法学》，北京：北京大学出版社，1989 年，第 90 页。

如此，需求关系就变成了人与人之间的利益关系。利益虽然依附于特定的社会主体，反映的却是不同社会主体之间的关系，即社会关系。因此，侵犯刑法保护的利益即法益与侵犯刑法保护的社会关系没有根本性区别。任何犯罪都是对一定利益的侵害，它既可能侵害国家利益或社会利益，也可能侵害公民个人利益，一言以蔽之，侵犯刑法保护的利益就是对刑法保护的社会关系的侵犯。

（二）法益替代社会关系概念的合理性

作为法益具体内容的利益，是每个人、每个社会群体追求的目标，它是人们行为活动的动力。利益，对于每一个稍有生活经验的人来说，甚至对于稍懂人事的小孩来说，都是可以理解的。① 正因为利益同每一个人息息相关，是人们在生活中须臾不可离开的东西，因此，列宁称利益是“人民生活中最敏感的神经”。② 我们知道，法律是以规定人们的权利和义务为主要内容的规范，这些权利和义务通过法定程序确认并予以保障。当人们在法律上规定的权利受到损害或威胁时，可以请求国家给予司法保护，以保证自己利益的实现；负有义务的人拒不履行法定义务时，相应的执法主体可以强制其履行。“一定的社会物质生活条件，首先是生产关系、经济关系造成了利益关系，又形成了不同的利益主体和客体关系，利益主体、客体及其主客体之间的辩证统一的利益关系构成了整个利益的主干线索。”③ 法律通过构建具体的利益制度和利益体制，协调人们的利益关系，维护一定个人和群体的利益，维护一定的社会秩序，避免利益纷争造成的

① 参见王伟光：《利益论》，北京：人民出版社，2001 年，第 24 页。
② 《列宁全集》第 16 卷，北京：人民出版社，1990 年，第 136 页。
③ 参见王伟光：《利益论》，北京：人民出版社，2001 年，第 141 页。

混乱。

由于利益是一个通俗易懂且含义深刻、内容丰富的社会范畴，而社会关系这一概念却具有抽象性，因此，我国有学者在对我国刑法中犯罪客体概念的研究中，提出用“利益”取代社会关系，认为犯罪客体必须是主体的犯罪活动所侵害的社会主义社会利益。之所以用利益取代社会关系，主要理由是：（1）由于利益内容广泛，几乎涵盖了整个社会，无论犯罪侵害的是生产力、生产关系、上层建筑还是自然环境，都可以归纳为社会利益的侵害。（2）利益具有多种多样的可分性，能适应犯罪客体具体化的要求。（3）利益可以通过其主体的特点，揭露犯罪客体的社会属性和阶级属性，从而揭露犯罪的社会政治意义。（4）利益含义深刻而又通俗易懂，早已为人民所接受和广泛使用。[①] 笔者认为上述观点是具有说服力的。由于法益是刑法上保护的利益，法益与社会关系相比，法益的内容更为直观具体，而社会关系相对隐晦抽象。在理论刑法学、刑事司法学和刑法解释中，将社会关系这一概念表述泛化地使用，实在是弊大于利。显然法益较之社会关系更容易把握且是一个更为确切的概念表述。因此，在刑法学中以“法益”替代社会关系概念是合理的。

三、法益与刑法的任务

我国刑法第2条规定：“中华人民共和国刑法的任务，是用刑罚同一切犯罪行为作斗争，以保卫国家安全，保卫人民民主专政的政权和社会主义制度，保护国有财产和劳动群众集体所有的财产，保护公民私人所有的财产，保护公民的人身权利、民主权

① 参见何秉松主编：《刑法教科书》，北京：中国法制出版社，2000年，第288页。

利和其他权利，维护社会秩序、经济秩序，保障社会主义建设事业的顺利进行。”该规定显示，我国刑法的任务包括惩罚和保护两个方面。通过用刑罚惩治犯罪来保护国家和人民的利益。我国刑法保护方面的任务，概括地说就是保护国家和人民的利益，保护社会主义社会的关系，保障社会主义建设事业的顺利进行。具体言之，包括四个方面：第一，保卫国家安全，保卫国家政权和社会制度；第二，保护社会主义的经济基础；第三，保护公民的人身权利、民主权利和其他权益；第四，维护社会秩序。显然，我国刑法也是一部“法益保护法”，刑法任务中所要保护的利益和价值也就是“法益”。

德国学者亦认为刑法具有不容置疑的保护法益之任务。所有刑法规范是以对重要法益的积极评价为基础的，它们是人类社会中必不可少的，因此，要通过国家强制力，借助刑罚来加以保护。这些重要的利益主要有人的生命，身体的完整性，个人的行为和活动自由，所有权，财产，交通安全，公务员的不可贿赂性，符合宪法的秩序，公共秩序，国家的外部安全，国家机关和主权不可侵犯，防止少数民族、伦理或文化的灭绝或不平等待遇。刑法所保护的法益是不断变化的，在刑事制裁实践的变化中也能看到法益的不断变化。刑法规范绝非保护全部法益，而是仅保护由于人的行为所侵害的法益。因此，刑法对不可抗拒的自然灾害不感兴趣，即使其造成严重的损害。在刑法上具有意义的只是人的意志的结果，该意志蔑视法益效力，并因而破坏了人类共同生活中所需要的相互信任的基础。对犯罪行为的否定评价，存在于侵害犯罪客体的行为之中。刑法通过将人的意志与法秩序的要求维持一致，来实现其法益保护。因此，犯罪既被视为侵害法益，也被视为违背义务。将法益保护强调为刑法的首要任务，是自由国家观点的一个标志。其背景是人们确信，人的行为的内在特性不应该由刑法来评价，因为只能由道德法庭去认可。不赞同该观点的人认为，只有通过对公民进行长期的有关法益的教育，法益保护的任务始能完成。因此，社会伦理的刑法学将对“背离法行为基本评价”的处罚作为首要任务。该观点的最后结论似乎是按照对行为否定评价的程度来划分处罚，对未遂犯给予一般的处罚；假定犯罪实施终了，给予实施终了的未遂犯进行处罚，对未顾及犯罪结果的过失犯进行处罚。这既不是现行法律的观点，也不是立法者将来的立法意图。刑法的任务并非要毫无矛盾地适应一元论的构思，而只是想作有益的解释：法益保护和对人的意志的影响应当被理解为同等重要的、彼此补充的、附条件的和受限制的刑法任务。①

笔者认为，保护人们的利益是法的本质特征，刑法也不例外。制定法律的宗旨就是为了保护人们的生存利益，这一主导思想同样也是制定刑法及“分派”刑法任务的动力和指引。

四、法益与刑罚目的

在西方刑法理论中，法益保护历来受到重视。启蒙思想家孟德斯鸠曾指出：“惩罚犯罪应该总是以恢复秩序为目的。”② 提倡“社会防卫论”的意大利学者龙勃罗梭认为，对犯罪人判处刑罚，是为了保卫社会的利益，所谓“刑罚必从自卫立论，方可无反对之余地”。目的刑论的倡导者德国刑法学家李斯特主张“刑罚惟一的妥当根据，不可能在对法秩序维持的必然性以外”。③ 由此他认为刑罚只能是社会防卫的手段，刑罚的目的是

---

① 参见汉斯·海因里·希耶塞克、托马斯·魏根特：《德国刑法教科书（总论）》，徐久生译，北京：中国法制出版社，2001 年。

② ［法］孟德斯鸠：《论法的精神》（上），北京：商务印书馆，1985 年，第 200 页。

③ ［日］木村龟二：《刑法学入门》，日本：有斐阁，1992 年，第 106 页。

保护个人的生命、身体、财产、自由名誉的权益和保卫国家的存在、安全和统治利益。只有法益保护或社会防卫才是刑罚的目的和刑罚的正当化根据。[①] 哈特也认为："人类之所以有理有权可以个别地或者集体地对其中任何分子的行动自由进行干涉，惟一目的只是自我防卫。这就是说，对于文明群体中的任一成员，所以能够施用一种权利反其意志而不失为正当，惟一目的只是要防止对他人的危害。"[②] 以上言论，都是对刑罚的最终目的（或根本目的）的论述。法的各个领域都以特殊的方法保护合法利益，刑罚则是通过对侵害法益或者侵害重要法益的犯罪科以刑罚的方法保护法益。任何不包括法益保护内容的刑罚目的学说都会使刑罚目的的界定失之片面。

刑罚最大限度地保护法益目的的确立是与犯罪的本质是侵害法益的主张相联系的。关于犯罪的本质，国外刑法理论中存在权利侵害说、法益侵害说、义务违反说与折中说的争论。其中法益侵害说认为，犯罪是法所保护的利益或价值造成侵害或引起危险(威胁)。李斯特指出："法益是法所保护的利益，所有的法益都是生活利益，是个人的或者共同社会的利益；产生这种利益的不是法秩序，而是生活；但法的保护使生活利益上升为法益"。[③] 犯罪便是侵害由法保护的生活利益的行为。由于法益侵害说可以说明各种具体犯罪的本质，故成为德国、日本等大陆法系国家刑法理论上的通说。在西方刑法中，正因为法益侵害被视为犯罪的本质，从而使保护法益成为刑法的首要任务。刑罚制裁的目的，

---

① 参见马克昌主编：《近代西方刑法学说史略》，北京：中国检察出版社，1996 年，第 196 页。

② ［英］哈特：《法律、自由与道德》，美国：斯坦福大学出版社，1963 年，第 4 页。

③ ［日］木村龟二：《刑法学入门》，日本：有斐阁，1992 年，第 83 页。

在于以国家强制力为后盾保护法益，故有法益即刑法保护客体之说。①

在我国刑法理论中，没有采用法益及法益侵害的概念。但事实上，我国刑罚与其他历代各国刑罚一样，都是基于保护一定利益的需要而被创制并围绕如何保护一定利益而展开的，其差别只不过是不同国家刑法所保护的利益的性质、种类和范围不同而已。② 我国有学者认为，以法益侵害作为犯罪的本质特征具有以下优越性：其一，法益侵害是以刑法评价为前提的，具有规范性。某种行为未经刑法评价，就不存在法益侵害的问题。其二，法益侵害中的法益，是以法律所保护的利益为其实体内容。正是这种利益相当重要，才有可能成为刑法保护的客体。但这种利益又不是泛泛而论的一般利益，而是法规所保护的利益，这就使得在法益的认定上具有规范标准，进而使得实体内容与规范标准有机地统一起来。而对法益的这种侵害性，描述了犯罪的本体特征，成为一个充实的犯罪概念。其三，社会危害性并非犯罪所专有，其他违法行为也都具有社会危害性。法益侵害这个概念与社会危害性相比更为科学、严谨，并且是刑法所专属的。③ 还有学者主张，刑法目的是保护法益，犯罪本质是侵害法益。现行刑法从许多方面认同了法益侵害说。例如，从表面上看，现行刑法增设了大量犯罪，但大量犯罪化不是采取规范违反说的结果，而是以其行为侵犯了合法权益为实质根据的；刑法第 2 条及第 13 条的规定从正反两个角度肯定了法益侵害说；现行刑法对某些具体犯罪所属类别的调整，也突出了以保护法益为核心，因而突出了

① 参见杨春洗主编：《刑法基础论》，北京：北京大学出版社，1999 年，第 272 页。

② 参见杨春洗主编：《刑法基础论》，北京：北京大学出版社，1999 年，第 272 页。

③ 参见陈兴良：《社会危害性理论》，载《法学研究》，2000 年第 1 期。

犯罪的本质是侵害法益。以法益侵害说为根据确定刑法的处罚范围与界限，可以使处罚范围适当，使处罚界限明确。采取法益侵害说不仅有利于同时发挥刑法的法益保护机能与自由保障机能，而且有利于合理区分刑法与道德以及正确评价行为的社会危害性。[①] 由于刑法的任务是保护法益，犯罪的本质是侵害法益，刑罚是犯罪的基本法律后果，刑罚目的是公正惩罚犯罪和有效预防犯罪，之所以惩罚犯罪、预防犯罪，就是因为犯罪侵犯了法益。这也反过来说明刑罚的深层次目的是最大限度地保护法益。因此，刑罚保护法益目的的确立，有利于我们在把握了刑法精神与犯罪本质前提下理解和适用刑法条文，从而使罪刑法定和罪刑均衡的原则真正得到实现。

保护法益之所以是刑罚的最终目的，是因为刑罚产生、存在和发展的全部意义在于维护各种合法权益。保护法益的需要导致了刑罚的产生，也推动着刑罚的完善。离开了法益，刑罚就成了无源之水，或者说刑罚也就失去了其自身存在的价值。社会的生存和发展决定了必须保证社会成员所享有的各种合法权益不受到犯罪行为的侵害，如果不是为了社会主体追求最大限度的利益，对触犯刑法的人施以刑罚，就是多余的和不正当的，因此，保护法益是刑罚永恒的价值追求，是刑罚最终目的所在。

刑罚保护法益目的的确立不仅具有其理论基础，而且在我国也具有立法依据。我国刑法第 2 条规定前文已述。概括地说，我国刑法的任务就是使用刑罚的方法，同一切犯罪行为作斗争，保护国家和人民的利益，保护全体公民的基本权利。简言之即保护法益。刑法的任务也就是国家制定、适用、执行刑罚所期望达到的最终目标。任务的完成意味着目的的实现，刑法的任务实际上不仅是刑法的目的，也是刑罚的目的。刑法第 13 条规定：“一切

① 参见张明楷：《新刑法与法益侵害说》，载《法学研究》，2000 年第 1 期。

危害国家主权、领土完整与安全，分裂国家、颠覆人民民主专政的政权和推翻社会主义制度，破坏社会秩序和经济秩序，侵犯国有财产或劳动群众集体所有的财产，侵犯公民私人所有的财产，侵犯公民的人身权利、民主权利和其它权利，以及其它危害社会的行为，依照法律应当受到刑罚处罚的，都是犯罪。”这表明，犯罪是具有一定的社会危害性的行为，而社会危害性的表现则是对合法权益的侵犯。前引刑法条文明确地规定了我国刑事立法和刑事司法活动的方向、针对性和最终目的。因此，笔者主张最大限度地保护法益是我国刑罚的第三层次目的，也即最终目的。

第二章　罪刑均衡关系的建构

第一节　罪刑均衡的理论基础与基本含义

一、罪刑均衡的理论基础

作为罪刑均衡较为系统的理论基础，报应刑论可谓其源头。报应刑论是从人的复仇本能中发展起来的，体现以恶报恶的对等性观念，是古代刑法思想的集中表现。“报应是人类根深蒂固的一种情感，它存在于迄今为止的一切社会文化形态中。”① 这种报应的思想，为确定罪刑之间的等价、均衡提供了一定的标准。在具体标准上，存在等量说与等价说之分。等量说为康德所主张，注重犯罪与刑罚之间外在形态事实上的同一性。康德把刑罚看作是一种报复的权利，这种权利应当具有公正性，这种公正性就是尽可能地追求犯罪与刑罚外在形态上的同一性。价值说又称等价说，此说为黑格尔所主张，注重犯罪与刑罚之间价值上即内在性质的同一性。黑格尔认为，犯罪与刑罚外在形态上的等同是不可能的，而犯罪与刑罚内在价值上的等同是可以追求的。黑格

---

① 梁根林：《刑罚结构论》，北京：北京大学出版社，1998 年，第 35 页。

尔关于犯罪与刑罚之间内在联系以及两者可按价值比较的思想，为寻求罪刑之间的均衡性奠定了基础。显然，报应主义追求的是刑法的公正性，这种公正性就是通过犯罪与刑罚价值层面上的等同性体现出来。因此，罪刑均衡的基本价值蕴含就在于公正性。①

报应主义倡导罪刑均衡应以公正为价值诉求，而预防主义则是立足于功利而主张罪刑均衡。刑事古典学派创始人贝卡利亚指出："犯罪对公共利益的危害越大，促使人们犯罪的力量越强，制止人们犯罪的手段就应该越强有力。这就需要刑罚与犯罪相对称。"② 英国功利主义思想家、法学家杰里米·边沁主张，当两个罪刑相联系时，严重之罪应适用严厉之刑，从而使罪犯有可能在较轻阶段停止犯罪，罪行越重，适用严厉之刑以减少其发生的理由就越充足。③ 预防刑论者所追求的是依赖罪刑均衡作为阻止犯罪的手段以实现刑法之功利性。

值得注意的是，前述报应刑论可进一步区分为绝对报应刑论与相对报应刑论。绝对报应刑论是德国、日本刑罚理论界之通说，其主张经典表述为，因为有犯罪，并为了没有犯罪而科处刑罚。相对报应刑论者认为，刑罚是一种报应，但同时具有预防犯罪的目的，包括一般预防与特别预防。

二、罪刑均衡的基本含义

从字面上解读刑法，所谓刑法，既可以称为关于"犯罪"

---

① 陈兴良：《本体刑法学》，北京：商务印书馆，2001 年，第 102—103 页。

② ［意］贝卡利亚：《论犯罪与刑罚》，黄风译，北京：中国大百科全书出版社，1993 年，第 65 页。

③ ［英］边沁：《立法理论——刑法典原理》，孙力等译，北京：中国人民公安大学出版社，1993 年，第 68 页。

的法律（criminal law），也可以称为关于“刑罚”的法律（penal law），还可以称为规定犯罪与刑罚的法律（law of criminal and punishment）。因此，犯罪与刑罚无疑是刑法中关系密切的最重要的一对实体范畴，犯罪具有前置意义，刑罚是犯罪的法律后果，犯罪是“源”，刑罚系“宿”。罪刑关系也就是犯罪与刑罚这一实体范畴之间的相互关系。罪刑均衡（或称罪刑相适应、罪刑相称）是现代刑法中的重要的基本原则。

罪刑均衡是从传统的罪刑等价原则发展而来的，其基本含义是：行为人实施了危害性多大的犯罪，就应承担多重的刑事责任，审判机关也应判处行为人相应轻重的刑罚，做到轻罪轻罚，重罪重罚，一罪一罚，数罪并罚，罪刑相称，罚当其罪。

从上述含义可以看出，刑罚的轻重不仅与犯罪行为人所实施犯罪的客观社会危害性相适应，而且也与犯罪人的主观罪过程度相适应，即在犯罪与刑罚之间通过体现主客观因素的刑事责任这个中介来调节，因此，有学者将罪刑均衡称为罪责刑相适应。通说认为，在分析罪之轻重时，不仅要考量法益所体现犯罪的客观社会危害性，而且要结合考察行为人的主观恶性和人身危险性，把握犯罪行为和行为人的主客观各方面因素综合体现的社会危害性程度，从而适用相应轻重均衡之刑罚。具体言之，可归纳出罪刑均衡内涵之要点：1. 罪刑均衡是指刑罚的性质和强度要与犯罪的法益侵害及严重程度相均衡，轻罪轻刑，重罪重刑，刑称其罪，严禁罪刑失衡之轻罪重刑或者重罪轻刑。2. 考量犯罪轻重的标准是犯罪侵害的法益性质及其严重程度，对重要法益的侵害愈大，社会危害就愈大，犯罪就愈严重。衡量刑罚轻重的标准是它对适用对象造成的损害或痛苦，具体体现为对犯罪人权益的剥夺或限制，造成的损害或痛苦愈大，刑罚就愈严重。3. 罪刑均衡还包括刑罚在其实施方式上与犯罪相适应以及刑罚及时。为了取得更好的刑罚效果和使人们清楚地认知刑罚是犯罪的必然结果，必须针对性地适用刑罚并且及时确定刑罚和执行刑罚。4. 罪刑均衡，应是刑法明文规定之“罪”与刑法明文规定之“刑”的均衡，犯罪与刑罚的规定只能存在于法律之中，其他任何文件都不能规定关于犯罪与刑罚的一般规范，只有依据行为人行为时的法律（刑法溯及力中从轻情形除外），才能对行为人确定罪刑均衡之刑罚。5. 犯罪与刑罚的均衡关系具有可变性。侵害法益所体现的犯罪行为的社会危害性之评价会随着时代的变化、国家和社会情况的变化而不断变化。特别是对于法定犯（行政犯）应当根据不同的时代、不同国家和社会的情况去建构相适应的犯罪与刑罚的均衡关系。因此，罪刑均衡的理论和实践意义体现在立法和司法两个方面确立犯罪与刑罚之间的一种等价关系。

一般认为，现代意义上的罪刑均衡的最早法律渊源是1215年英国的《自由大宪章》，而真正全面确立并贯彻罪刑均衡原则的是1791年和1810年的《法国刑法典》。《法国刑法典》中关于违警罪、轻罪、重罪的界分和刑法分则规范关于各种具体犯罪罪状及法定刑的规定，都具体体现了罪刑均衡的要求。《法国刑法典》之后，罪刑均衡成为西方主要国家刑法典规定犯罪与刑罚关系的基本准则。第二次世界大战以后，随着人权保障理念的提倡和彰显，罪刑均衡也在一些国际条约中得到了体现和贯彻。

第二节　罪刑均衡的立法完善

罪刑均衡首先体现在立法上，没有刑事立法上的罪刑均衡，也就不可能实现司法上的罪刑均衡。我国当前司法实践中出现的重罪轻罚、轻罪重罚、罚不当罪的量刑不公现象与立法上的刑罚配置不完善具有密切关系。因此，最大限度地保护法益和抑制刑罚裁量不公，应当及时完善立法上的罪刑关系。

一、罪刑关系的立法确认

罪刑关系是刑法中的主要内容，刑法的公平、正义之首要价值和惩罚犯罪、保护人民任务的实现都应当在合理、衡平的罪刑关系中得到体现。

罪刑关系的立法确认，首先应该体现在刑法总则的规定中。刑法总则是规定犯罪与刑罚的一般原理、原则与制度的普遍性刑法规范。刑法总则是对罪刑关系的一般性规定，在刑法总则中坚持罪刑均衡关系的规定主要体现在以下方面：

（一）罪刑均衡原则的法定化

罪刑均衡原则的法定化与报应刑和预防刑的思想精华存续有密切联系。刑罚理念从报应思想乃至预防思想发展至今，确实有其不容置疑的内容精髓。在报应思想中，虽然在处罚上有严苛之责，未必与现代罪责刑观念相称，但其所揭示的界限，即罪刑等价的理念迄今仍历久弥新，同时报应刑认为刑罚的发动，必须先有法律保护的利益受到侵害事实的存在，此已成为现代法治国原则的思想精华。在预防刑思想中，将刑罚的本质、作用与目的明确界分，同时将刑罚界定为实现预防犯罪目的之手段，非有目的必要性存在时，即无刑罚作用的发生。

前文已述，罪刑均衡，也称罪刑相当、罪责刑相适应，其基本含义是刑罚的轻重应与犯罪的轻重相衡平。我国刑法第 5 条规定了罪刑均衡原则：“刑罚的轻重，应当与犯罪分子所犯罪刑和承担的刑事责任相适应。”罪刑均衡原则从表面上看，似乎只是刑罚裁量原则，其实不然。在刑事立法、刑事审判与刑罚执行阶段，都必须坚持罪刑均衡原则。罪刑均衡原则事实上也制约着、影响着定罪。例如，以索取财物为目的绑架他人的行为，构成绑架罪，由于该罪的法定刑重，故即使绑架他人以后杀害他人的，也只以一罪论处，而不实行数罪并罚。这充分说明罪刑均衡原则对定罪的制约作用，也说明罪刑均衡是刑法的基本原则。应当强调，罪刑均衡原则最重要的功能是指导制刑、量刑和行刑。就具体内容而言，罪刑均衡原则可以分解为下列三个方面：（1）刑罚与犯罪性质相适应。犯罪性质就是犯罪构成主客观要件统一表现的罪质，标志着各该犯罪行为侵害、威胁法益的锋芒所向不同。此种不同，正是表明各种犯罪具有不同的危害程度，从而决定刑事责任大小的根本所在。刑事立法首先应立足于罪质的不同，制定与之相适应的轻重有别的法定刑。审判机关在量刑的时候，也应首先确定与该罪的罪质相对应的法定刑，如果罪名认定错误，必然导致罪刑失衡。因此，坚持刑罚与罪质相适应，是罪刑均衡的必然要求。（2）刑罚与犯罪情节相适应。罪名认定准确，只是解决了正确选定法定刑的问题，不等于量刑结果的罪刑相称。因为在罪质相同的犯罪中，犯罪情节关乎法益侵害的程度，不同案件的犯罪情节不尽相同，其危害程度也有较大差异。要使刑罚真实反映形形色色的具体案件的危害程度，刑罚裁量还必须注意刑罚与犯罪情节相适应。我国刑法采取相对确定的法定刑，而且刑种、刑度的选择余地较大，其目的之一即是便于审判机关针对每一案件的犯罪情节和犯罪人的具体情况分别量定刑罚，使宣告刑最大限度地与各自犯罪的危害程度相称。（3）刑罚与犯罪人的人身危险性相适应。犯罪人的人身危险性，是指犯罪人具有的不直接反映罪行的轻重，却可以表明其对社会的潜在威胁程度及其消长的本身情况，包括犯罪之前和犯罪之后的情况。刑罚的制定和适用注重对犯罪人未来再次犯罪的遏制作用。犯罪人的人身危险性虽然对其所实施的犯罪本身没有直接影响，却可以预示其改造的难易程度和再犯罪的可能性大小。[①] 刑罚的制定和裁量中，考量犯罪人的人身危险性符合惩罚犯罪、预防犯罪和保护法益的刑罚目的。

（二）罪刑均衡原则的立法贯彻

法定化的罪刑均衡原则贯穿于刑法总则与分则之中，主要内容包括处罚原则的规定、刑罚体系的确立和具体犯罪法定刑的配置。（1）刑法总则规定了适用区别对待的处罚原则的各种情形。处罚的原则具体指引个案中的刑罚裁量。我国刑法总则根据各种行为的社会危害性程度和行为人表现出的人身危险性的大小，规定了轻重有别的处罚原则。例如，对故意犯罪的停止形态中的预备犯，规定可以比照既遂犯从轻、减轻处罚或者免除处罚；对于未遂犯可以比照既遂犯从轻或者减轻处罚；对于中止犯，没有造成损害的应当免除处罚，造成损害的应当减轻处罚。在共同犯罪中，规定对组织、领导犯罪集团的首要分子，按照集团所犯的全部罪行处罚；对于其他主犯，应当按照其参与的或者组织、指挥的全部犯罪处罚；对于从犯应当从轻、减轻处罚或者免除处罚；对于胁从犯，应当按照他的犯罪情节减轻处罚或者免除处罚；对于教唆犯，应当按照他在共同犯罪中所起的作用处罚。对于防卫过当、避险过当而构成犯罪的，应当减轻或免除处罚。此外，刑法总则还侧重于刑罚个别化的要求，规定了一系列刑罚裁量与执行制度，如累犯制度、自首制度、立功制度、缓刑制度、减刑制度、假释制度等。在这些刑罚制度中，累犯因其人身危险性大而应从重处罚；自首、立功因其人身危险性小而可以从轻处罚；对短期自由刑适用缓刑的前提是根据犯罪行为人的犯罪情节和悔罪表现认为适用缓刑确实不致再危害社会的；减刑和假释是因为服

---

① 张明楷：《刑法学》，北京：法律出版社，2003 年，第 71—74 页。

刑人在刑罚执行期间确有悔改或立功表现。刑法中以上的规定，均体现了罪刑均衡原则之精神。（2）刑法总则构建了严密的刑罚体系。此体系由不同的刑罚方法构成。从刑罚种类上分，有主刑和附加刑；从刑种性质上区分，包括生命刑、自由刑、财产刑与资格刑；从刑罚轻重程度上划定，有重刑、中刑和轻刑。各种刑罚方法既相互区别又互相联系，能够根据犯罪的不同情况予以适用，从而为刑事司法实现法益保护与罪刑均衡奠定基础。（3）刑法分则对各种具体犯罪设置了轻重不同的刑种和刑度。我国刑法分则条文不仅根据犯罪的性质和危害程度，构建了一个犯罪体系，而且还为各种具体犯罪配置了由刑种和刑度组成的法定刑。司法机关可以根据具体犯罪的性质、法益侵害程度及犯罪人主观恶性的大小，依法量定罪刑均衡的刑罚。①

二、罪刑均衡的立法改进

罪刑均衡体现在罪刑关系的立法建构上，当前我国司法实践中量刑失衡现象的存在，与立法上的欠完善无疑具有直接关系。因此，实现量刑公正，完善刑法规范应是当务之急。

（一）科学、合理地建构罪刑关系

刑法体系是一个有机的统一，其内部有序协调乃是刑事立法的基本要求。对于实现罪刑均衡来说，科学、合理地建构罪刑关系显得尤为重要。所谓罪刑关系的科学、合理化，即是最大限度地追求犯罪与刑罚的设立与配置，并将两者关系的均衡达到一种理想状态。首先，从个罪来说，配置的法定刑应当与这种犯罪的

① 高铭暄、马克昌主编：《刑法学》，北京：北京大学出版社、高等教育出版社，2010年，第32—33页。

性质相适应：重罪重刑，轻罪轻刑，罪刑相称。其次，不仅存在个罪的刑罚配置的科学性与合理化问题，还存在罪与罪之间刑罚分配的公平、协调问题。为此，在刑事立法上构建罪刑关系之时，应当统筹考虑罪刑关系的设置，实现立法上的罪刑均衡。[①]

罪刑均衡与罪刑法定原则具有紧密联系，罪刑均衡是刑法明文规定之“罪”与刑法明文规定之“刑”的均衡。任何一部刑法，只有将罪刑均衡原则与罪刑法定原则结合起来，才符合正义之要求，超越法律限度追求罪刑均衡或违背罪刑均衡设立刑法规范，都是与刑法正义价值相违背的。立法上合理地划定犯罪圈是科学建构罪刑关系的前提。刑事立法是一项极其复杂的系统工程，但从总体上说，立法者主要是通过划定犯罪圈、确定刑法法益和建构刑罚规范体系来满足社会的基本秩序要求的。这三个方面的工作最终是统一在刑法规范之中的，因为无论是刑法所划定的犯罪圈还是其所确定的法益范围，都是通过刑法规范具体内容来表达的。换言之，刑法规范就是立法者确定刑法法益范围和划定犯罪圈的基本手段和方法。同时，在司法者那里，刑法规范又成为判断特定法益是否受到损害和受到多大损害以及认定行为是否构成犯罪的规格和标准。只有刑法规范的内容具有妥当性，它才能正确评价并有效抑制侵害行为，并通过对侵害行为的抑制而保护法益，进而维护社会伦理的秩序以及法秩序。[②] 犯罪圈不适当的表现是犯罪化范围过宽或过窄，前者会使法令滋彰，侵犯公民自由权，后者则会造成刑事法网疏漏，不利于法益之保护。

前文已述，合适的犯罪圈之确立是罪刑均衡建构的前提，而适度刑罚量的配置则是实现罪刑均衡的保障。对刑量的内容，有这样一种理解。该观点认为，刑量的大小，就是犯罪的轻重在法

---

① 陈兴良：《本体刑法学》，北京：商务印书馆，2001 年，第 117 页。

② 周少华：《刑法之适应性》，北京：法律出版社，2012 年，第 247 页。

律中的直接反映，有多重的罪便有多重的罚。按照这种理解，对刑量大小的衡量，就等于对犯罪轻重的测量。其实，这种理解忽视了一个十分重要的事实：犯罪并非某种纯客观的对象，而是立体化的客体。什么行为被称为犯罪，什么行为被定义为严重犯罪，在很大程度上取决于社会与犯罪之间的冲突关系，取决于立法者怎样看待各种危害行为。因此，与其说刑量的大小反映了犯罪的轻重，倒不如说，刑量的大小是犯罪与社会之间冲突关系激烈程度的表现。既然刑量除了反映犯罪的轻重以外，还包含来自社会控制方面的某种主观因素，那么，当我们把握刑量的内容时，这些主观因素当然也应进入我们的视野。① 刑罚量过剩，会导致刑事责任严苛，这不仅违反了刑法的兼抑性，也不符合刑法正义的原则，如刑罚量不足又会影响刑罚控制犯罪的效果。

（二）完善犯罪情节的立法规定

犯罪情节包括定罪情节和量刑情节，犯罪情节对于犯罪的认定和刑罚的裁量均具有重大影响，对于罪刑均衡的实现也意义重大。

犯罪与刑罚的对应均衡关系主要通过量刑情节表现出来。所谓量刑情节，是指法院在对犯罪人定罪后考虑的，影响犯罪人行为社会危害性和人身危险性程度，进而决定处刑轻重强弱的各种事实。其特征有：第一，量刑情节是一系列客观存在的事实。这些事实既可以是有形的，如数额的大小、伤害后果的轻重、手段的残暴与否等；也可以是无形的，如犯罪动机、悔罪态度等。无论是有形的，还是无形的事实，都是一种客观存在，都不依人们的意志为转移。而且，这些客观事实是可以通过对全案的分析、考察来认定和评价的。量刑情节的客观性，要求法院在选择刑量

① 白建军：《罪刑均衡实证研究》，北京：法律出版社，2004 年，第 231 页。

时，要从实际出发去认识和把握一切对量刑有影响的情节，而不能主观臆断。第二，量刑情节是定罪事实以外的具体事实。量刑情节必须是在人民法院对犯罪人定罪以后，于量刑时应考虑的各种情况。因此，量刑情节不具有定罪事实的意义，不能说明犯罪构成的情况。比如，犯罪故意是一切故意犯罪成立必要条件，因而不能视为量刑情节。又如，犯罪动机一般与定罪无关，不能反映犯罪构成要件，所以是量刑情节。值得注意的是，理论上将犯罪情节分为定罪情节和量刑情节，意图在于揭示各种犯罪的情节与定罪、量刑的关系，并不意味着这两类情节是水火不容的。第三，量刑情节是影响行为社会危害性或人身危险性程度的事实。既然是量刑情节，当然是影响刑罚量的情节，但只有当某种事实情况反映行为的社会危害性或人身危险性程度时，才能影响量刑。因此，能成为量刑情节的事实必须是对行为的社会危害性或人身危险性程度有影响的事实。① 这种事实情况包括主客观方面的法定和酌定以及从宽和从严等要素。

为给司法机关裁量刑罚提供一套严密的规范体系，适时改进犯罪情节立法规定的粗疏之处非常重要。我国现行刑法对“情节犯”和“数额犯”等的量刑情节的规定，其粗疏之处表现得尤为突出，如“情节较轻”、“情节严重”、“情节特别严重”、“数额较大”、“数额巨大”、“数额特别巨大”等都是概括性的规定，相关条文缺乏确定性的内容，虽然司法解释在一定程度上对刑法条文的模糊性规定予以了弥补，但这种影响量刑适用统一标准的立法规定由于缺乏可操作性而容易造成量刑的不均衡，同时这种宁粗勿细的立法模式也不利于贯彻罪刑法定原则。对此应考虑以下三方面的改进措施：其一，增加规定犯罪情节的确定性内容，将司法解释的相关规定上升为刑事立法的规定，使刑法立

① 刘守芬等：《罪刑均衡论》，北京：北京大学出版社，2004 年，第 51 页。

法中的法定情节更多地采用列举性规定。其二，由于法定情节对法官自由裁量权起到了更多的制约作用，更符合量刑规范化的要求，因此，应当及时总结司法实践经验，尽可能地加快较为定型的酌定情节法定化的立法进程。其三，判断罪轻罪重，一般有两个标准：一是考察具体犯罪的最低刑和最高刑，二是考察犯罪行为所侵害的法益性质、情节和危害性程度。罪刑均衡除了可以分为立法上的罪刑均衡与司法上的罪刑均衡外，还可以分为形式上的罪刑均衡与实质上的罪刑均衡。形式意义上的罪刑均衡针对罪刑关系的普适性，是人们通常认为的重罪重刑、轻罪轻刑，而实质意义上的罪刑均衡针对的是个案的特殊性，其内涵应拓展至重罪轻罚、轻罪重罚，这也是刑罚公正的题中应有之义，应予重视的是，司法实践中实现实质意义上的罪刑均衡，不仅至关重要而且难度极大。

三、完善法定刑的立法规定

刑法分则条文由罪状和法定刑组成。法定刑，是指刑法分则条文对具体犯罪所确定的适用刑罚的种类和刑罚幅度。法定刑是立法机关针对具体犯罪侵害法益的性质和危害程度所确定的刑罚裁量标准，具体犯罪法定刑的设置着眼于该罪的共性，是审判机关对犯罪人适用刑罚的依据。司法实践中，对犯罪人裁量刑罚时，除其具备法定的减轻情节外，必须在法定刑的范围内进行。

法定刑首先反映出国家对犯罪行为的否定评价和对犯罪人的谴责态度。犯罪是刑法所禁止的行为，刑法是通过法定的刑种与刑度来禁止犯罪行为的。法定刑还反映出国家对犯罪的危害程度的评价。因为具体犯罪法定刑的确定，是以通常情况下该犯罪的危害可能达到的最高限度和最低限度为依据的。如果国家认为某种犯罪的危害程度较大，就会规定较重的法定刑；反之如果国家认为某种犯罪的危害程度较小，就会规定较轻的法定刑。如果形势发生变化，某种犯罪的危害程度也随之产生变化，原来的法定刑显得过重或者过轻的，国家就会修改法定刑，使重新确定的法定刑与该罪的危害程度相适应。[①] 因此，国家对具体犯罪规定的法定刑，实际上是从刑事立法上实现罪刑均衡的原则，完善法定刑的立法规定，对公正量刑具有前提性的重要意义。

法定刑幅度过大是目前学术界和实务部门广为诟病的一个问题。我国刑法在法定刑的规定上，广泛采用的是相对确定的法定刑。相对确定的法定刑是指刑法分则条文对某种犯罪规定了相对具体的刑种和刑度。这种法定刑设置科学、合理又便于操作，应当符合两个条件：一是同种罪，犯罪档次的细化分类；二是各档次相对应的法定刑幅度不能过大。然而，我国刑法分则条文则存在各罪分档过粗现象，由此造成法定刑幅度过大。表现为：一是在规定一种主刑的法定刑的最低限度和最高限度时，主刑幅度过大。如《刑法》第 236 条“以暴力、胁迫或者其他手段强奸妇女的，处三年以上十年以下有期徒刑”；《刑法》第 237 条第 2 款：“聚众或者在公共场所当众犯前款罪的（强制猥亵、侮辱妇女），处五年以上有期徒刑。”二是在规定两种以上主刑或同时规定附加刑时，刑罚种类过多，跨度过大。如《刑法》第 232 条：“故意杀人的，处死刑、无期徒刑或者十年以上有期徒刑；情节较轻的，处三年以上十年以下有期徒刑。”《刑法》第 293 条：“有下列寻衅滋事行为之一，破坏社会秩序的，处五年以下有期徒刑、拘役或者管制，并处或者单处罚金……”上述法定刑形式，有其优越性的一面，使法官在法定刑内根据犯罪的不同情况选择适当的刑罚，做到原则性与灵活性相结合。但其弊端更为明显，由于在法定刑内如何根据具体的犯罪情节，选择恰当的

① 张明楷：《刑法学》，北京：法律出版社，2003 年，第 515 页。

刑罚，刑法未作明确规定，刑罚适用标准过于宽泛，因此，幅度过大的法定刑，必然导致量刑的不稳定和不一致性，产生同罪异罚现象。① 应该说，同罪异罚现象的出现，原因是多方面的，但刑事立法上存在众多内涵不明晰的弹性条款无疑是其中一个重要的原因。有学者认为，将个罪的构成要件根据情节轻重分为若干等级，相应地将跨度很大的法定刑再分解为若干数量的幅度相对较小的法定刑档次，不失为优化法定刑罚幅度的一种行之有效的措施，应当在未来的立法中予以坚持，把罪轻不分档作为一种例外。因为作为具体量刑情节的基本构成要件、加重构成要件和减轻构成要件在总体上显得概括、简约，多数情节具有很大弹性和模糊性，而量刑情节层次分明的条文数量极其有限，所以，优化个罪法定刑幅度，一方面，需要进一步完善犯罪构成要件，使基本构成要件、加重构成要件或减轻构成要件尽可能具体化、明确化，构成要件的明确和具体，可以使构成要件的内涵和外延达到易把握、可确定的要求，尽量减少构成要件表述上的模糊性和不同等级构成要件间的交叉；另一方面，则应当进一步缩小法定刑档次，使法定刑档次更具有确定性和可操作性，使法定刑档次与量刑情节相对应，这里的关键是根据罪行性质和危害程度合理地设置若干数量的不同等级的量刑情节，使量刑档次化大为小，这两个方面分别体现了罪刑法定原则对罪状之法定化和刑罚之明确化的要求。②

法定刑的立法完善是一个复杂的系统工程，法定刑罚的精确化还应包括具体犯罪中最低刑和最高刑的适当性、附加刑配置的必要性及合理性。此外，还应当进一步细化从重、从轻和减轻处

① 高铭暄、赵秉志主编：《刑法论丛》（第 8 卷），北京：法律出版社，2003 年，第 12 页。

② 周光权：《法定刑研究》，北京：中国方正出版社，2000 年，第 196—197 页。

罚的规定，从而使法定刑的规定更加科学合理，最大限度地实现法益保护和罪刑均衡。至于法定刑档次多大为合理，笔者认为，法定刑档次的合理跨度应视刑罚之轻重而定，罪行越轻微，法定刑的幅度应当越小。立法者应当在总结立法经验的基础上，进行广泛深入的实证调研才可能对个罪的法定刑幅度进行合理的分解。

最高人民法院决定从 2014 年 1 月 1 日起在全国法院正式实施量刑规范化工作，先后下发了《关于实施量刑规范化工作的通知》、《关于常用犯罪的量刑指导意见》，要求各高级人民法院制定有关量刑的实施细则。显然，推进量刑规范化改革的诉求是规范刑罚裁量权，其目的是制约法官自由裁量权的不当行使，落实宽严相济的刑事政策，实现量刑活动的公开与公正。量刑规范化改变了单纯定性分析的传统量刑的“经验作业法”，将评价犯罪行为危害性程度的定量分析引入量刑机制，刑罚裁量时对各种犯罪事实和量刑情节予以定性分析和定量分析，从而准确地考量被告人应承担的刑事责任。毋庸置疑，刑罚裁量中，罪名的认定即定性分析应当是前提和基础，要在准确认定罪名的基础上，结合犯罪行为的定量分析，依次确定起刑点、基准刑和宣告刑，并以此最大限度地确保罪刑均衡原则的贯彻。

完善法定刑立法和实施量刑规范化措施，在我国刑事立法和司法上确实具有“里程碑”的意义。但罪刑均衡的实现，则任重而道远，这里既有相关规定不断完善的问题，更需在司法上付诸艰苦的努力。因为纸面上的规定仅是一种“应然”的要求，真正的量刑公正则永远存在于司法实践活动中，体现在每一个具体案件的审判上。审判机关和审判人员应摆脱传统量刑观念的种种束缚和思维定式，依法定罪量刑，切实保障每一个刑事案件刑罚裁量的精准。

关于罪刑关系的建构的根据、原则等问题，将会在本书第三章相关内容中予以研析。

第三章　法益保护与罪刑关系

我国刑法是用刑罚制裁犯罪的特殊方法保护各种重要的合法权益，刑法的任务乃至刑罚的最终目的均是保护法益，犯罪的本质是侵犯法益。离开刑法的任务和刑罚的根本目的，建构的罪刑关系因其盲目而必然会失去合理性。更应当强调的是，犯罪的分类以及罪刑关系的建构不以法益为标准亦将会丧失其科学性和公正性。

第一节　法益侵害与犯罪的本质

犯罪既是一种复杂的社会现象，也是一种法律现象。犯罪与国家和法律的存在是紧密相关的。一种行为是否认为是犯罪，受该国的国家类型、立法，当时的政治经济形势、法律文化传统以及刑法时代思潮的强烈影响；但主要是以国家的法律（成文法或判例法）为标准来判定的，即以法律是否将该种行为规定为犯罪来判定，所以，犯罪又是一种法律现象。法律为什么将某种行为规定为犯罪，亦即犯罪的本质是什么，颇为各国刑法学者所关注。对此，西方国家刑法学界有多种主张：1. 权利侵害说。认为犯罪是对权利的侵害。费尔巴哈是这一主张的代表。权利侵害说以启蒙主义的“天赋人权，任何人都享有权利”的人权思想为背景，认为由个人出让权利组成的国家，只能处罚危害社会的行为，社会由权利连接起来，侵害权利的行为对社会具有危害性，危害社会的行为表现为侵害权利的行为，因此，犯罪的本质是权利的侵害。2. 法益侵害说。认为犯罪是对法律所保护的生活利益的侵害或者引起的危险。详言之，犯罪不是对权利本质的危害，而是对作为权利的对象——被国家所保护的人身、财产的侵害或侵害的危险性。法益侵害说最初即 19 世纪初期由毕尔巴模所提出，随后，得到宾丁、富兰克、李斯特等著名学者的支持，以致在德国成为说明犯罪本质的通说。[①] 3. 义务违反说。认为犯罪的本质不是对法益的侵害，而在于对义务的违反。德国刑法学者施卡富斯坦之所以提出这种学说，一方面是进入 20 世纪后，出现了将法益理解为各个刑罚法规的立法目的的见解，以及将法益理解为刑法中的解释与概念构成的指标的观点；另一方面是国家主义势力的抬头，个人法益受到轻视，使个人成为国家、民族、社会共同体发展的工具，因此犯罪是对国家、社会共同体的危害，即使行为没有侵害法益，但违反了对社会共同体所负有的人伦的义务时，也是犯罪。4. 折中说。认为刑罚法规都是以个人的利益、国家及社会的利益为保护对象的，因此，可以将犯罪的核心理解为法益侵害，法益侵害说基本上是妥当的。但是，刑罚法规并不只是根据对法益的侵害结果来规定犯罪，相反，许多规定重视了法益侵害、威胁的样态。例如，盗窃罪、诈骗罪、侵占罪等，对个人财产的侵害这一内容来说，都具有共同的特征，但由于侵害的样态不同，属于不同类别的犯罪。因此，作为犯罪本质的法益侵害、威胁，包含了侵害的方法与种类等。进一步而言，应当考虑犯罪有违反义务的一面。例如，尽管侵害的法益完全相同，但在不纯正的身份犯罪中，对身份犯的处罚重于非身份犯，如果无视身份者的义务违反，仅仅根据法益侵害这一

---

① 参见马克昌主编：《犯罪通论》，武汉：武汉大学出版社，1999 年，第 3 页。

点，则难以对上述现象作正确说明。再如，业务上侵占罪的法定刑重于普通侵占罪，也是因为违反义务的程度不同。于是，犯罪的本质就是包含了侵害、威胁样态的法益侵害、威胁，同时也是对一定的法定义务的违反。① 我国刑法理论认为，犯罪的本质特征是一定的社会危害性，而一定的社会危害性是通过法律保护的利益受到侵害而体现出来，同时，行为的社会危害性也是一种规范的评价。不作为犯罪的成立须以违反特定义务为前提条件。如日本刑法学者大冢仁所言："就今日的刑罚法规看，在这里，大体上一样，我们的国家、社会或个人场合的生活利益，都认为是保护的对象，犯罪，首先可以解释为把法益的侵害作为各个核心而构成。可是，根据刑罚法规，也不是没有作为义务的违反而把握的一面，例如，被侵害的法益尽管是同一的，在不真正身份犯中，身份者的行为比非身份的行为处罚要重（例如保护责任者的遗弃罪，《日本刑法》第 218 条的场合等），离开身份者的义务违反这一点，我认为就难于彻底理解。所以，犯罪的本质，一方面基本上是对各类法益的侵害，同时，在一定范围，一定义务的违反可以作为本源。"②

日本刑法学者前田雅英认为，"刑法是为了更好地保护更大多数国民的利益而统治社会全体的手段，故国民的利益受到侵害是违法性的原点。因此，首先将违法行为定义为'导致法益的侵害或者危险（一定程度以上的可能性）的行为'（法益侵害

---

① 参见［日］大冢仁：《刑法概说（总论）》，日本：有斐阁，1992 年改订增补版，第 84 页以下；张明楷：《法益初论》，北京：中国政法大学出版社，2000 年，第 270 页。

② ［日］大冢仁：《注释刑法》第一编总则，日本：青林书院，1978 年，第 122 页。

说）。法益是指应当由刑法来保护的利益。”① 犯罪的本质属性是应受刑罚处罚程度的社会危害性。社会危害性是指行为对法益的侵犯性，即我国刑法所列举的对国家法益、公共法益、集体法益以及公民法益的侵犯性。应受刑罚处罚程度的社会危害性是指，立法机关认为，行为对法益的侵害性已经达到了需要用刑罚予以遏制的程度，使用其他法律制裁方法已不足以保护法益。应受刑罚处罚程度的社会危害性是侵害性与威胁性的统一。换言之，对法益的侵害性包括对法益的侵害性与威胁性（危险性）。侵害性是指行为造成了法益的现实损害；威胁性是指行为具有侵害法益的危险性。当行为没有现实地侵害法益，但具有侵害的危险性时，也具有现实的社会危害性。当然，由于侵害性与威胁性对法益的侵犯程度不同，所以，对于故意针对重大法益所实施的行为，即使没有造成法益侵害，但只要造成了侵害的危险，也可能被刑法规定为犯罪。应受刑罚处罚程度的社会危害性的内部结构是主客观的统一。一般认为，对于国家与人民群众来说，犯罪的社会危害性是客观存在的，但从其形成结构来说，则是主客观统一的，即一定的人在罪过心理支配下实施的危害社会的行为，才可能具有应受刑罚处罚程度的社会危害性。换言之，社会危害性的主客观统一性，是指危害行为对法益的客观侵害性与行为人的主观罪过性形成了社会危害性的内容。只有邪念而无客观行为，或者虽有客观行为但无主观罪过，就不可能具有应受刑罚处罚程度的社会危害性。认识这一点，有利于坚持主客观统一的原则，有利于反对主观归罪和客观归罪，有利于司法机关全面考察案件情况，也有利于解决刑法理论中的许多疑难问题。② 但应注意的

① ［日］前田雅英：《刑法总论讲义》，日本：东京大学出版会，1998 年，第 53 页以下。

② 参见张明楷：《犯罪论原理》，武汉：武汉大学出版社，1991 年，第 81 页。

是，由于社会危害性的核心内容是对法益的侵害性，所以，法益的价值、法益的数量、对法益的侵害或威胁程度等客观因素对于社会危害性的有无与大小，起着直接且重要的决定作用。①

对法益侵害或威胁所体现出的行为的严重社会危害性是犯罪的最基本的属性（也即本质特征），是刑事违法性和应受惩罚性的基础。犯罪与一般违法行为的分野在于行为侵害法益的程度不同，即犯罪行为具有严重程度的法益侵害性，而一般违法行为的法益侵害性尚未达到应予刑罚处罚的程度。

第二节　法益保护与犯罪分类

一、法益保护与犯罪的理论分类

在刑法理论上，对犯罪可以依据不同的标准进行不同的分类，如根据行为的形态及其意义，可区分为实质犯与形式犯、结果犯与举动犯、侵害犯与危险犯、结合犯或结果加重犯等；以法定刑为标准，可区分为重罪、轻罪与违警罪；以犯罪行为与行为主体的关联性为标准，可区分为身份犯与非身份犯；以行为人主观心理状态为标准，可区分为故意犯与过失犯；根据构成要件的实现形态，可区分为既遂犯与未遂犯、单独犯与共犯；根据行为人身体之动静状态可区分为作为犯与不作为犯等。在此，笔者结合法益保护之主旨对理论上的几种主要的犯罪分类进行阐释。

① 参见张明楷：《刑法学》，北京：法律出版社，2003 年，第 97 页。

（一）自然犯与法定犯

自然犯与法定犯的分类标准颇有争议。概括起来有以下不同见解：（1）侵害法益的犯罪是自然犯，威胁法益的犯罪是法定犯；（2）侵害或者威胁法益的犯罪是自然犯，纯粹或者单纯不服从法规的犯罪是法定犯；（3）侵害或者威胁法益的是自然犯，违反公共秩序的犯罪是法定犯；（4）同时包含刑事要素（违反法规）与实质要素的犯罪是自然犯，只具有刑事要素的犯罪是法定犯；（5）同时违反法规范及文化规范的犯罪是自然犯，只违反法规范的犯罪是法定犯；（6）违反伦理道德，即使没有法律规定也属犯罪的规定是自然犯，没有违反伦理道德，只是由于法律规定才成为犯罪的是法定犯；（7）违反基本生活秩序的犯罪是自然犯，违反派生生活秩序的犯罪是法定犯；如此等等。[①]最先提出自然犯与法定犯分类的是意大利犯罪学家加罗法洛。加罗法洛认为，自然犯罪存在于人类社会之中，不依赖于环境条件或某一时期的特殊情况，也不依赖于立法者的特殊观念。自然犯罪是最明白最严格的提法，它可以说明任何文明社会都不能否认这是犯罪并可以适用刑罚加以抑制的行为。[②] 简言之，违反诚实与怜悯的本来感情的是自然犯，即自然犯无须依赖法律的规定，以本来应受社会伦理的非难的行为为内容；反之，法定犯可以认为以由于法律禁止才成为非难的对象的行为为内容。这种区别，在德国法中大多分为刑事犯与行政犯，在法国法中大多分为自然犯和法定犯。[③]

---

① 参见张明楷：《刑法学》，北京：法律出版社，2003 年，第 116 页。

② 《外国刑法研究资料》第一辑，北京政法学院刑法教研室，1982 年，第 147 页。

③ 参见马克昌：《比较刑法原理》，武汉：武汉大学出版社，2002 年，第 97 页。

笔者认为，对于自然犯与法定犯的区别应主要立足于在性质上是否违法社会伦理，即自然犯是指在侵害或者威胁法益的同时明显违反社会伦理的犯罪；法定犯，是指没有明显违反社会伦理，但根据法律的规定已侵害或者威胁法益的犯罪。显然，自然犯的法益侵害性容易被人们所认识，而法定犯的法益侵害性通常需要借助法律来认识。此外，从法益保护的角度考察自然犯与法定犯的分类对完善相关立法及司法个案中考察犯罪人的主观恶性程度也具有重要的意义。我国有学者认为，“从犯罪人的主观恶性程度上看，自然犯较之法定犯要严重得多，但在违法性问题的认定上，由于行政法规错综复杂，所以，对法定犯的判定又比自然犯要困难得多。同时，由于行政法规会因为国家管理目的改变而时常发生变化，因此，法定犯又经常处于变动之中，缺乏像自然犯那样的稳定性。正因为这两类犯罪各有其特殊性，所以在认定、处罚及预防方面，均应采取各不相同的对策。”① 笔者认为，我国相对负刑事责任年龄段的人主要是以家庭、学校传授给他们的社会伦理道德以及一般社会常识作为判断事物是非曲直的标准，他们对诸如杀人、伤害、强奸、抢劫等自然犯的危害性质能够有准确的认知，一般也会对是否实施此类行为作出正确的选择，而对如贩卖毒品等法定犯的危害性质，该年龄段的未成年人尚缺乏足够准确的判断能力。此外，贩卖毒品犯罪虽然是一种严重的犯罪，但其严重性与我国刑法第 17 条第 2 款规定的其他 7 种犯罪是有一定差别的。虽然该条款规定的 8 种犯罪的最高刑相同，但其法定最低刑却有差异，这 8 种犯罪中除贩卖毒品罪外法定最低刑均是 3 年有期徒刑，而贩卖毒品罪的法定最低刑只是管制。判断具体犯罪的危害性程度、法律对其否定评价程度以及遣责的严厉性，不仅只看犯罪的法定刑上限，还应将犯罪的法定最

① 苏惠渔主编：《刑法学》，北京：中国政法大学出版社，1994 年，第 73 页。

高刑与最低刑一并比较。从司法实践中来看，已满 14 周岁未满 16 周岁的未成年人实施贩卖毒品的犯罪绝大多数情况下是被成年犯罪人利用和教唆，因此，立法规定，利用、教唆未成年人贩卖毒品的，从重处罚。由于立法将贩卖毒品罪规定为相对负刑事责任的未成年人应承担的犯罪，不符合上述标准，因而难谓允当。

（二）作为犯与不作为犯

作为犯与不作为犯的概念源于刑法上的危害行为的两种基本形式，即作为与不作为。作为即以积极活动实施法律所禁止的犯罪行为（不应为而为）。不作为，是指应当实施并且能够实施某种行为而不实施的消极行为（当为能为而不为）。理论上将作为形式构成的犯罪称为作为犯，把以不作为形式构成的犯罪称为不作为犯。关于作为与不作为概念的界定，国外的一些刑法学者均作过论述。例如，苏联学者 H. A. 别利亚耶夫等在其著作中指出："犯罪的行为是人的外部行为的举动，即对周围环境的某些现象和事件进行有意识的、积极的干预……犯罪的不作为是指人的消极行为，即某人违反刑事责任规定没有履行他所承担的、按照一定方式行动的义务，或者，主体对那些应该而且也可以阻止的犯罪没有予以阻止，从而产生了危害社会的结果。"① 日本学者西原春夫认为"所谓行为指实施一定的身体运动，所谓不作为指不实施一定的身体运动。从以上的定义可以明确：作为、不作为与运动、静止本身不同，与一定的身体运动的关系常常是前提。因而，它不以一定的身体运动作标准，就不能明确。在这里，例如以上述这种身体运动为标准，合乎这个标准的积极态

① [苏] H. A. 别利亚耶夫等主编：《苏维埃刑法总论》，马改秀等译，北京：群众出版社，1987 年，第 125—126 页。

度，就是说乘电车、汽车或者步入教室这样的态度是作为，不合乎这个标准的消极态度，就是说回宿舍睡觉、打麻将牌这样的态度是不作为。然而反过来，如果以打麻将牌这种身体运动为标准，不做这种运动而去上课是不作为，实施这种运动是作为。从以上例子可以明确，作为虽然常是身体运动，但不作为不论身体运动的场合或身体静止的场合都有。某种身体运动是不作为，还是不作为期间实施的单纯的身体运动，关键是以怎样的身体运动为标准而不相同。"① 在理论上和实践中，对于作为犯不难理解和认定，但是，不作为犯则复杂得多。因此，一些国家在立法上对不作为犯的概念、要件和处罚作了规定，如德国刑法典第 13 条规定，"（一）依法由义务防止犯罪结果的发生而不防止其发生，且其不作为与因作为而实现犯罪构成要件相当的，依本法处罚。（二）不作为犯罪得依第 49 条第 1 项减轻之"。② 值得注意的是，不作为犯在理论上还可以进一步区分为真正不作为犯和不真正不作为犯，对此，也有学者表述为纯正不作为犯与不纯正的不作为犯。真正不作为犯是指刑法明文规定只能由不作为构成的犯罪；不真正不作为犯是指行为人以不作为形式实施的通常为作为形式的犯罪。如日本学者正田满三郎所言"不作为犯有真正不作为犯（纯正不作为犯）与不真正不作为犯（不纯正不作为犯）之分。前者是构成要件的行为，是以不作为的形式规定的犯罪（刑法第 107 条、第 130 条后段、第 218 条第 1 款后段等——按上述条款规定的分别是聚众不解散罪、不退出罪、保护责任者遗弃罪）。上述法条之罪，构成要件本身都是以不作为的

① ［日］西原春夫：《刑法总论》（改订版）（上卷），日本：成文堂，1995 年，第 101—102 页。

② 参见马克昌：《比较刑法原理》，武汉：武汉大学出版社，2002 年，第 181 页。

形式规定的犯罪，不履行明文上成为其内容的义务，即违反成为该构成要件内容的命令规范的行为是犯罪。从而，这种不作为犯，行为是否相当于实行行为，解释上不发生特别的困难问题。与此相反，后者即不真正不作为犯是构成要件以作为的形式规定的犯罪，由于违反禁止规范的行为被认为犯罪，违反命令规范的不作为与作为犯同样实现不法结果在法上是可能的吗？换言之，能否有基于不作为的作为犯是一个问题。对真正不作为犯与不真正不作为犯的差别这样解释的通说，并不是没有异议。在德国一般认为处罚单纯不作为本身的，是真正不作为犯；处罚由于不作为发生结果的，是不真正不作为犯。然而，因为在这里把单纯举动犯与结果犯的区别移入不作为犯的领域，并没有特别的意义。所以通说的见解是妥当的。”①

我国有学者主张，某种犯罪是作为犯还是不作为犯，也与法益概念相关。该学者进一步认为，关于作为与不作为的区别，德国刑法理论上形成了多种学说，包括“能量说”、“社会意义说”、“因果关系基准说”、“法益状态说”、“价值说”、“作为优越说”、“最终原因说”。其中“法益状态说”从法是通过制定规范来保护法益的认识出发，主张规范的机能是使规范所指向的人产生一定行为的动机。以杀人罪为例，如果规范所指向的人处于缩短他人生命的地位，那么，规范便禁止其缩短生命的行为；如果规范所指向的人处于延长他人生命的地位，则规范命令其延长他人的生命。因此，作为的杀人就是指“生命缩短的引起”；不作为杀人就是指“生命延长的非引起”。据此，“使法益状态恶化”的是作为，“没有使法益状态好转”的是不作为。由于法益状态说将法益保护作为刑法目的，同时将法规范与法益相联系，

① ［日］正田满三郎：《刑法体系总论》，日本：良书普及会，1979 年，第 63 页。

避免了其他学说的缺陷而为人们所接受。因此，作为与不作为的区分实际上也取决于法益概念。

一般认为，构成不作为犯必须具备以下三个条件：第一，存在期待实施的行为，即存在有某种命令规范；第二，有能力实施期待的行为，即有能力履行命令规范；第三，没有实施期待的行为，即没有履行命令规范。[①] 笔者认为，正因为不作为犯是由不作为形式构成的一种犯罪，不作为犯的成立在具备以上三个条件的基础上，还应具备构成不作为犯罪的实质性条件，即期待行为未实施给法益造成严重的侵害或威胁。

虽然我国刑法未使用不作为犯一词，但作为犯罪的一种表现形式，不作为犯是客观存在的，而且具有隐蔽性及其构成条件的特殊性。在理论和实践中，注意研究和考察不作为犯的问题，对于法益保护具有重要的理论和现实意义。（1）以作为形式构成的犯罪，除刑法总则规定的刑事责任能力和刑事责任年龄以及特殊主体的身份要求以外，绝大多数对犯罪主体没有特殊限制，而不作为犯罪的成立，必须是行为人负有特定的法律义务的人。（2）作为犯形式上表现为对法益进行积极的侵害，在许多场合下表现出侵害法益的猖狂性、残暴性，而不作为表现为消极地不实施他应该实施的法益保护之行为，因而相对于作为犯罪来说，不作为犯对于法益的侵害或威胁和对于公众心理的影响，一般不如作为犯强烈。因此，这种差异对刑罚裁量应有一定的影响。（3）作为犯为了达到犯罪目的，可以选择多种多样手段，其行为可以对法益形成强烈的攻击性，行为一实施，法益受侵害的严重结果就会立即产生时间紧迫性，因此，对于作为犯，为制止其给法益造成危害结果，在上述情况下，可以进行正当防卫。由于

---

① 参见马克昌：《比较刑法原理》，武汉：武汉大学出版社，2002 年，第 182—183 页。

不作为犯的消极性，一般不会形成上述的攻击性和紧迫性，因而对其行为人不宜实行正当防卫。（4）在司法实践中，要确定某人是否违反了某种义务，从而构成刑法上的不作为犯，还应考察以下三点：第一，在客观上发生了法益遭受严重损害，或者有造成严重损害危险的法律事实；第二，行为人在上述危害结果或其危险性发生之前，没有履行为防止法益受侵害或发生危险的积极行为；第三，行为人同被害法益之间存在特殊的制约关系。正是因为行为人没有履行其应当履行并且能够履行的避免法益损害结果或危险发生之义务，行为人才应对此承担刑事责任。应予强调的是，不作为犯罪中行为人刑事责任之承担亦应建立在行为人不履行义务的消极行为同法益损害（包括刑法评价的危险）的发生具有因果关系的基础上。

值得注意的是，持有型犯罪是与作为犯和不作为犯密切相关的范畴。在刑法学的研究中，行为占有重要的地位，“无行为则无犯罪亦无刑罚”，这一法律谚语是对行为在刑法中地位的鲜明表述。行为的方式各种各样，概括起来不外乎作为与不作为两种。那么，除此之外还有没有第三种行为方式呢？有人提出了持有行为这种观点。

1979 年颁布的刑法典中，未见持有行为的规定。1988 年全国人大常委会颁布的《关于惩治贪污罪贿赂罪的补充规定》第 11 条确立了非法所得罪，对该罪的行为方式有众多不同意见，其中一种观点就是“持有说”。1990 年颁布的《关于禁毒的决定》第 3 条规定了非法持有毒品罪，这是我国刑事法律第一次明确持有行为可以构成犯罪。此后，1995 年的《关于惩治破坏金融秩序犯罪的决定》第四条规定了持有伪造的货币罪。1997 年 3 月全国人大修订通过的刑法保留了上述犯罪，并增加了非法持有枪支、弹药罪（第 128 条）、非法持有国家绝密、机密物品罪（第 282 条第 2 款）、非法携带未经灭活的毒品原植物种子或者幼苗罪。另外还有两种犯罪包含有持有行为：非法携带枪支、弹药、管制刀具或者危险物品进入公共场所或者公共交通工具罪（第130条）、携带武器、管制刀具或者爆炸物参加集会、游行、示威罪（第297条）。修订后的刑法明确持有行为可以构成的犯罪已达到七种，如果加上非法所得罪，则有八种。

刑事法律中持有行为的出现，似一个新大陆展现在人们面前，有人认为这是一种除作为和不作为以外的第三种行为方式。因为持有不过是一种静止的事实或状态，其行为方式是不明确的，既不是以积极的活动实施法律所禁止的作为行为，也不是应当实施并且能够实施而不实施的某种消极的不作为行为。如非法所得罪，只是出现巨额不明来源的财产这一事实，客观上不能确定行为人是否实施了犯罪行为以及实施的是何种犯罪行为，因此，其行为方式是作为还是不作为是不明确的。

其实，持有行为并不是第三种行为方式，它不过是一种特殊的作为行为而已。这种特殊性体现在：持有是过去积极作为行为的结果或是将来作为行为的对象。如对持有伪造的货币罪来说，行为人持有的伪造货币的来源可能是其伪造、走私或购买而来的，也可能是其为了将来进行贩卖、运输、使用。行为人伪造、走私、购买或者贩卖、运输、使用伪造的货币，都可构成作为犯罪。

持有行为的作为性还体现在行为人积极地保持一种非法的状态或事实，其表现形式可以是随身携带，也可以是放置于自己住所或者其他行为人可以控制的场所。持有行为所保持的状态或事实如果单纯从其本身来评价，既不会侵害他人，也不会损害社会。因此，刑法将持有行为规定为犯罪是比较少见的。持有行为的社会危害性体现在，它可能是过去作为犯罪的结果，又可能是将来犯罪行为的对象。与其他犯罪行为相比，持有犯罪行为的处罚要轻。

持有行为是否构成犯罪，关键看其持有的对象。持有一般的物品在刑法学上没有意义，只有特殊的几种物品，才能成为刑法中持有行为的对象。具体来看，有以下几种特殊物品：其一是管制物品，如枪支、弹药、管制刀具。其二是违禁物品，如毒品。其三是非法物品，如伪造的货币。其四是来源不明的物品，如国家绝密、机密物品、巨额财产。上述特殊的物品被行为人持有，有的会危及公共安全，有的会危害国家安全、金融秩序，有的会破坏社会秩序。正是由于这些物品的特殊性，不管其来源或去向如何，持有这些物品就具有社会危害性，持有行为才得以进入刑法的视野。

一般的犯罪行为，特别是作为犯罪，其主观心态相当明确。如贪污罪，其目的是侵占公款，公款的来源是清楚的；运输伪造的货币罪，其目的是将伪造的货币从一地移往另一目的地，其去向是非常明确的。持有行为人在主观方面是故意的，即明知是不能持有的特殊物品而仍然持有，但行为人的心态却比较特殊。一般来说，行为人对持有物品的来源或去向是清楚的，但为了避重就轻，在司法机关不能查清的情况下，他是不会说明的。对非法所得罪而言，其巨额财产可能是贪污而来，行为人具有侵占公款的故意。由于司法机关不能查明，行为人又拒不说明其来源，他的侵占公款的故意就被隐藏起来。这正是持有行为人特殊的心态。

各种各样的犯罪行为中，持有可以说是最基础、最基本的行为。在与某些特殊物品有关的犯罪中，犯罪行为的结果或者犯罪行为的各个阶段，都存在持有行为。如伪造货币罪，其犯罪行为的结果所保持的一种状态即是持有伪造的货币。贩卖、运输、购买伪造的货币罪等各种有关伪造的货币犯罪中，其犯罪行为进行的每一过程，无不存在持有伪造货币的行为。因此，司法机关在查处持有犯罪行为时，可以比较容易地提出证据，特别是在不能查明行为人持有物品的来源或去向时，依然可以持有行为定罪处罚，从而不致放纵犯罪。

对某些持有行为，司法机关可以要求其说明来源。如对非法所得罪，持有国家绝密、机密物品罪，司法机关可以责令其说明持有物品的来源或用途，拒不说明来源或用途的，可以依法定罪。

由上观之，从刑法角度看，所谓持有行为，是指行为人对一些管制物品、违禁物品、非法物品等特殊物品的非法占有事实或状态。它是一种特殊的作为行为，其社会危害性体现在非法占有的事实或状态是前一种违法犯罪行为的结果，或是将来违法犯罪行为的一个阶段。由于对持有物品的来源或去向不明，行为人具有避重就轻的心态，其持有物品的真正目的不甚明确。因此，持有行为的主体只能是自然人，单位不能成为持有行为的主体。

（三）侵害犯与危险犯

所谓侵害犯，指侵害一定的法益成为构成要件要素的犯罪，也称实害犯。杀人罪、盗窃罪等多数犯罪属于这一类型。所谓危险犯，指使发生侵害法益的危险成为构成要件要素的犯罪。这里所谓危险，意味着法益侵害的可能性或者盖然性，但关于危险的判断，则有不同观点的对立。日本学者山口厚主张，以科学法则上是否有法益侵害的可能性为标准，前田雅英亦持此说。而团藤重光主张，以一般人是否感到侵害法益的危险而有相当的理由为标准，大冢仁、野村稔亦持此说。大谷实认为，对法益侵害的危险，本来指法益侵害的可能性，虽然要立于科学的见地判断，但因为这个危险意味着作为构成要件要素被类型化的行为的危险，作为基于行为时的事前判断，以科学的可能性为基础，在该行为实施的具体情况下，以社会通常观念中一般人是否因感到危险而有相当理由为标准判断的方法是妥当的。危险犯，适应危险的程度分为抽象的危险犯、准抽象的危险犯和具体的危险犯。所谓抽象的危险犯，指社会通常观念上作为有侵害法益可能性者被类型化的犯罪。具体的危险犯，指侵害法益的具体的危险发生成为构成要件的要素的犯罪。所谓具体的危险，指超过准抽象的危险犯的危险程度而法益侵害的可能性成为具体的情况。①

（四）不能犯与迷信犯

笔者将刑法理论上的不能犯分为可罚的不能犯与不可罚的不能犯。可罚的不能犯即是指不能犯未遂，具体言之，是指犯罪人所实施的行为本身就不可能既遂因而未得逞。不能犯未遂又进一步分为对象不能犯未遂与手段不能犯未遂。所谓对象不能犯未遂，是指由于行为人的错误认识使得犯罪行为所指向的犯罪对象在行为时不在犯罪行为的有效作用范围内，或者具有某种属性使得犯罪不能既遂而只能未遂。所谓手段不能犯的未遂（也称工具不能犯的未遂），是指犯罪人由于认识错误而使用了按其客观性质不能实现行为人犯罪意图。不能构成既遂的犯罪手段，以致犯罪未遂。例如，将一似人物体当作仇人开枪或将男子误认为是女子而实施强奸的属于对象不能犯未遂；在投毒杀人案中行为人本欲使用砒霜但因发生认识错误使用了砂糖因而未得逞的属于手段不能犯未遂。“一般认为，手段不能犯未遂与迷信犯具有本质区别，手段不能犯时，行为人所实施的行为与其所认识（或本欲实施）的行为完全不同，而迷信犯所实施的行为与其所认识（或本欲实施）的行为完全相同；手段不能犯是由于认识错误所致，迷信犯是由于愚昧无知所致；如果不是由于认识错误，手段不能犯可能导致危害结果发生；迷信犯的行为在任何情况下都不

① 参见马克昌：《比较刑法原理》，武汉：武汉大学出版社，2002 年，第 199—200 页。

可能导致结果发生。因此，通说认为，手段不能犯成立犯罪未遂，而迷信犯不成立犯罪。”①

日本刑法理论上一般认为不能犯即是指不可罚的不能犯。不可罚的不能犯一般包括三种情况：一是方法不能，是指行为人具有实现犯罪的意思，但其采用的方法不可能导致结果发生的情况。二是对象不能，是指行为人具有实现犯罪的意思，但其行为所指向的对象并不存在，因而不可能发生结果的情况。三是主体不能，是指行为人具有实现特殊主体犯罪的意思，但其并不具有特殊主体身份，因而不可能成立特殊主体犯罪的情况。② 大陆法系刑法关于不能犯的学说基本上是有关如何区分未遂犯与不可罚的不能犯的学说。日本学者认为迷信犯属不能犯之一种，不能犯不具有可罚性。日本学者山中敬一指出：“所谓不能犯，指就规定有处罚未遂的犯罪，主观上虽是着手实行但现实并无至于既遂可能性（危险性）或者由于可能性极低实质上欠缺实行行为性，作为不可罚的未遂的行为。”③ 日本学者平野龙一也认为，不能犯的本质是缺乏实现犯罪的危险性，所以不可能成立犯罪。④ 值得注意的是，法国和德国学者并不认为不能犯完全不具可罚性。如法国学者主张：“有时‘不能犯’是不应受到处罚的……有时情况则相反，法律将‘不能犯’作为未遂罪进行惩处……”⑤ 德国学者认为：“不能既遂的处罚这个历来的争论问题，在今日本质上限于不能说完全没有损害一般人的安全感，不能未遂也是可

---

① 张明楷：《刑法学》，北京：法律出版社，2003 年，第 295 页。

② 参见张明楷：《刑法学》，北京：法律出版社，2003 年，第 296 页。

③ ［日］山中敬一：《刑法总论Ⅱ》，日本：成文堂，1999 年，第 690 页。

④ 参见［日］平野龙一：《刑法总论Ⅱ》，日本：有斐阁，1975 年，第 321 页。

⑤ ［法］卡·斯特法尼等：《法国刑法总论讲义》，罗结珍译，北京：中国政法大学出版社，1998 年，第 240 页。

罚的，在这个意义上，最终予以解决。”① 笔者认为，不能犯是否可罚应区别情形而定，如果不能犯的行为客观上具有侵害法益的较大危险性，并且该法益在一般观念中认为是重大法益时，应认为具有可罚性。

关于不能犯的行为客观上是否具有侵害法益的危险的判断，在我国刑法学界存在不同的见解。如前文所提及：甲意欲杀乙，本想使用砒霜，但由于认识错误使用了与砒霜外观极相似的白糖，乙吃后未致损害。我国学界多数学者的观点认为此种情形属于典型的手段不能犯的未遂，行为人甲应承担故意杀人罪未遂的刑事责任。但有学者不同意这种见解，并认为此种见解没有考虑行为在客观上是否侵犯了法益，导致客观上完全不可能侵犯法益的行为也成立犯罪未遂。该学者对此作了如下进一步论证：如果将“白糖当砒霜杀人构成故意杀人未遂”的观点进一步延伸，意图毒杀他人，结果误用了健身药品时，也成立故意杀人未遂；误以为某有害动物是被害人而开枪，结果导致有害动物死亡时，也成立故意杀人未遂；误以为是国家机关的真实印章而毁灭，结果毁灭了伪造的国家机关印章时，也成立毁灭国家机关印章未遂。可是，这种行为没有侵害法益的危险，将其作为犯罪未遂处理，就意味着行为根本不可能侵犯法益时也成立犯罪。事实上，上述行为并非“只是由于对犯罪工具实际效能的误解而致使犯罪行为未发生犯罪结果”，而是由于行为人所实施的“行为”本身根本不具有侵害法益的任何危险性，才导致未发生犯罪结果；如果行为本身具有侵害法益的危险性，不管行为人主观上有无误解，都不可能影响行为的这种危险性。例如，行为人误将他人当作野兽而开枪，由于本身具有侵害他人生命的危险性，不管行为

① ［德］耶塞克等：《德国刑法总论》，西原春夫译，日本：成文堂，1999 年，第 412 页。

人主观上如何误解，这种危险性都客观存在。行为是否构成未遂犯，首先必须考虑现实行为是否具有侵害法益的危险性，而不是考虑行为人主观上有无犯罪故意，不是考虑行为人原本打算实施的行为是否具有侵害法益的危险性。① 笔者支持多数学者观点，认为“误将白糖当砒霜投毒杀人”应认定为故意杀人未遂，这种情形属于手段（或工具）不能犯的未遂犯。首先，定罪应坚持主客观相统一原则。上述案例中行为人主观上具有投毒杀人的故意，主观恶性大，其所追求的结果的社会危害性也很大，客观上亦实施了投毒杀人行为。其次，认为此种手段不能犯的行为没有侵害法益的任何危险的观点是一种“客观归罪”的观点，实际上否认了“抽象危险犯”的存在，必然不适当地缩小刑法的处罚范围。以他人生命作为侵害对象并意欲使用剧毒药物致害他人且已将其主观犯罪故意付诸现实行为，此种情形中行为人之行为潜存引起客观的危险性是不可否认的，理应属于可罚的未遂。认为该种手段不能犯的可罚性的见解混淆了“客观上没有引起结果发生的危险的行为”与“行为可能引起客观的危险性”之不同内涵。最后上述案例中被害人未中毒死亡，其原因是行为人误将白糖当作了砒霜，并非由于行为人放弃了犯意，这种原因违背了行为人的本意，与其犯罪意志相冲突，这完全符合“犯罪未得逞是由于犯罪人意志以外的原因”这一犯罪未遂的特征。最后，从有效地实现刑罚特殊预防与一般预防目的来看，将上述案例中行为人的行为作“入罪”处理也是必要的。

（五）结果犯、行为犯与举动犯

结果犯，指不仅实施具体犯罪构成客观要件的侵害法益的行为，而且必须发生法定的法益损害的犯罪结果，才构成既遂的犯

① 参见张明楷：《刑法学》，北京：法律出版社，2003 年，第 300 页。

罪，即以法律规定的法益受损结果的发生作为犯罪既遂标志的犯罪。结果犯的构成中法定的犯罪结果，是专指犯罪行为通过对行为对象的作用而给特定法益造成的物质性的、可以具体测量确定的有形的损害结果。结果的法定性说明这种法定的危害结果与犯罪人预期的危害结果是否一致并不影响结果犯的成立。虽然过失犯罪和间接故意犯罪中不存在未遂犯的问题，但我们仍然可以根据犯罪主观方面不同，把结果犯区分为过失的结果犯、间接故意的结果犯和直接故意的结果犯。在过失的结果犯和间接故意的结果犯中，特定法益之损害结果是构成犯罪的必要条件。而对于直接故意的结果犯来说，法定的法益之损害结果是否发生，只影响对犯罪完成形态的认定，而不影响犯罪的成立。直接故意的结果犯在我国刑法中为数很多，而且多是常见罪、多发罪。

行为犯，是指以法定的法益侵害行为的完成作为既遂标志的犯罪。这类犯罪的既遂并不要求造成法益损害的物质性和有形的犯罪结果，而是以法益侵害之行为的完成为标志。值得注意的是，按照法律的要求，行为犯中的侵害法益行为要有一个实行过程，要达到一定的程度，才能视为行为的完成。因此，在行为人着手实行犯罪的情况下，如果达到了法律要求的法益受损程度就是完成了犯罪行为，就应视为完成犯罪；如果因犯罪人意志以外的原因未能达到法律要求的法益受损的程度，未能完成犯罪行为，就应认定为犯罪未遂。正如我国学者所言：“在行为犯中，尽管法律条文没有将危害结果作为犯罪构成的必要条件，也没有将完成实行行为作为犯罪既遂的标准，但也绝不意味着，只要行为人一着手于犯罪的实行行为，就成为犯罪的既遂形态。实际上，在这种犯罪中，既遂形态的形成，有一个由量变到质变的过程。例如在脱逃案件中，并不是只要犯人或人犯一开始脱逃，就构成脱逃罪的既遂犯。而只有当其逃离羁押机关的控制范围以后，才能以脱逃罪的既遂犯论处。”① 概言之，对行为犯而言，也要考量法益侵害的状况来区分既遂与未遂。

举动犯亦称为即时犯，是指按照法律规定，行为人一着手侵害法益的犯罪实行行为即告犯罪完成和完全符合构成要件，从而构成既遂的犯罪。从犯罪构成性质上分析，举动犯大致包括两种构成情况：第一，原本为预备性质的犯罪构成。如背叛祖国罪，分裂国家罪，间谍罪以及组织、领导、参加黑社会性质组织罪等。这些犯罪中的实行行为从法理上讲原本是预备性质的行为，但由于这些预备性质的行为所涉及的犯罪性质严重，一旦进一步着手实行危害极大，为有效地惩治这些犯罪，法律把这些预备性质的行为提升为这些犯罪构成中的实行行为，着手实行即构成既遂。以组织、领导、参加黑社会性质组织罪为例，只要组织、领导或积极参加了黑社会性质的组织，即构成该犯罪既遂，如果此后又实施其他犯罪行为，则又构成其他犯罪。第二，教唆、煽动性质的犯罪构成。如煽动分裂国家罪，煽动颠覆国家政权罪，煽动民族仇恨、民族歧视罪，传授犯罪方法罪等。这些犯罪的实行行为都是教唆性、煽动性的行为，针对多人实施，旨在激起多人产生和实现犯罪意图，因而这些犯罪的危害很大，危害范围也较广，而且即使实施完毕也不一定产生或不一定立即产生可以具体确定的有形的实际危害结果。考虑到这些犯罪严重的危害性质及其犯罪行为的特殊性质，因此只要行为人着手于实行犯罪就构成既遂，不存在犯罪未遂问题，也就没有既遂与未遂之分。②

如上文所述，举动犯只要行为人实施构成要件之侵害法益的

---

① 参见马克昌主编：《犯罪通论》，武汉：武汉大学出版社，1999 年，第 500 页。

② 参见高铭暄主编：《刑法学原理》（第二卷），北京：中国人民大学出版社，1993 年，第 298—299 页。

行为，犯罪即行成立，因而不承认未遂犯有存在的余地。然，日本有学者提出了与通常之说相异的见解，日本学者山中敬一认为："所谓举动犯，不要求在场所上、时间上与实行行为分离的结果存在，如果定义为行为的终了与构成要件的充足一致的犯罪，则可存在未遂。侵入住宅罪，身体侵入住宅时成立既遂，构成要件虽被充足，但实行行为的着手在它以前的时间存在。从而侵入住宅罪虽然是举动犯，但是实行的着手与到结果的发生之间，可能存在未遂。"① 笔者认为，根据理论上对举动犯之界定，举动犯由于仅仅根据行为人一定的身体的动静，犯罪即为完成，举动犯与行为人实施构成要件的行为同时达到既遂，因而其未遂没有存在的余地。

关于行为犯与举动犯的关系，我国有学者从二者的异同上作过阐释，认为行为犯与举动犯既有相同点，也有区别。行为犯与举动犯的相同点在于：二者都不以发生实际的危害结果作为犯罪构成的必要条件。二者的区别在于：举动犯的既遂以着手实行犯罪为标志，而行为犯只有当实行行为达到一定程度时，才过渡到既遂状态。这就是说，对于举动犯而言，判断其是否达到既遂状态，关键在于考察行为人是否已经着手实行犯罪的实行行为，至于实行行为究竟达到何种程度，并不影响既遂罪的成立。如果犯罪人已经将犯罪行为实行完毕，甚至已经造成了有形犯罪结果，这些都不是认定犯罪既遂时所要考虑的因素，而是犯罪既遂后的从重处罚情节。② 对于行为犯与举动犯的概念及二者关系，我国有学者认为尚需进一步研究。任何犯罪行为都是一个过程，即使是所谓的举动犯，也必然有一个过程（当然，过程的长短有

① ［日］山中敬一：《刑法纵论Ⅱ》，日本：成文堂，1999年，第670页。

② 参见马克昌主编：《犯罪通论》，武汉：武汉大学出版社，1999年，第499—500页。

异），并非一着手就既遂。以组织、领导、参加黑社会性质组织罪为例，仅实施了所谓的组织、领导行为时，如果没有黑社会性质组织的成立，不可能认定为本罪；而且，如果该组织在成立后没有实施刑法第294条规定的“以暴力、威胁或者其它手段，有组织地进行违法犯罪活动，称霸一方，为非作恶，欺压、残害群众，严重破坏经济、社会生活秩序”的行为，司法机关也无从认定其是否是黑社会性质的组织。所以，并非“只要一开始实施组织、领导的行为，不管黑社会性质组织是否成立，都属于犯罪既遂”。至于参加黑社会性质组织的行为，也并非一参加就既遂，更不是一声称参加，“不管参加进了与否都是既遂”。因为在司法实践中，“对于参加黑社会性质的组织，没有实施其他违法犯罪活动的，或者受蒙蔽、胁迫参加黑社会性质的组织，情节轻微的，可以不作为犯罪处理。”（最高人民法院2000年12月4日《关于审理黑社会性质组织犯罪的案件具体应用法律若干问题的解释》第3条）再如，煽动民族仇恨、民族歧视罪，只有一次煽动行为结束，司法机关才能认定为本罪。就所谓“只要行为完成就既遂的行为犯”而言，也要联系法益侵害来考虑既遂与未遂的区分。① 笔者认为，以上观点具有合理性。我国刑法的任务是惩罚犯罪、保护法益，犯罪的本质是侵害与威胁法益，没有侵害或威胁法益的行为即无犯罪可言，侵害或威胁法益行为之情节显著轻微，危害不大的也不认为是犯罪。由此观之，对于举动犯中着手实行犯罪行为以及行为犯中的实行行为都是通过其特定的法益侵害行为考察法益的侵害是否达到了应当追究刑事责任的严重程度。

---

① 参见张明楷：《刑法学》（第二版），北京：法律出版社，2003年，第310页。

二、法益保护与犯罪的法定分类

（一）法益性质是犯罪法定分类的基准

刑事立法从保护法益的立场出发，将法益抽象化、类型化后对犯罪予以分类。日本刑法学者大谷实教授认为，刑法是以维持社会秩序为其终极目的，因此，国家就必须选择国家社会中要加以保护的利益，将侵害该种利益的行为作为犯罪予以禁止。这种利益就是刑法上的保护法益或称法益。法益最终是为了维持社会秩序而受到保护的，因此，虽然犯罪是侵害了所有的社会利益的行为，但刑法所直接保护的法益，如杀人罪中的人的生命、伪造货币罪中的公共信用、妨害执行公务罪中的国家的统治作用，却根据各种犯罪的不同而性质有别。刑罚法规，事先将应当保护的法益加以特定，除行为主体之外，还将侵害法益的手段、方法、行为状况等规定为构成要件的内容。① 因此，有关法益性质的理解，不仅是决定犯罪本质不可缺少的要素，而且也成为立法上对犯罪进行分类的标准。犯罪的法定分类包括刑法典分则和根据刑事立法的相关规定对犯罪所作的分类。

（二）刑法分则对犯罪的分类

刑法分则对犯罪的分类关涉到刑法典分则体系的建构。建构刑法分则体系化的方法，历来有“两分说”和“三分说”之别：“两分说”是指将所有的犯罪分为侵害公法益的犯罪和侵害私法益的犯罪（也有人将公法益称为超个人法益，私法益称为个人

---

① 参见［日］大谷实：《刑法各论》，黎宏译，北京：法律出版社，2003 年，第 1—2 页。

法益)；“三分说”将犯罪分为侵害个人法益的犯罪、侵害社会法益的犯罪、侵害国家法益的犯罪。

16 世纪以来的刑法理论认为个人法益是私法益，而国家、社会法益是公法益，所以，犯罪可以分为对公法益的犯罪和对私法益的犯罪两种。由于国家是社会的一种特殊形态，侵害国家法益的犯罪被侵害社会法益的犯罪所包容，这一观点在 18 世纪以后被广泛采用。1794 年的《普鲁士普通法典》、1810 年的《法国刑法典》以及 1813 年的《巴比伦刑法典》都对犯罪采用“两分说”的分类方法。但是，有学者认为“两分说”存在缺陷。理由是：第一，在刑法领域，个人法益是否就是纯粹的私法益，还值得推敲。早在古罗马的时期，人们就认为，对个人犯罪就是对整个社会的犯罪，所以个人法益也可以视为公法益，或者说在刑法这一公认的公法领域讨论公法益与私法益的区分意义并不是很大。第二，近代以来的政治哲学和社会理论都强调国家和社会的界分，它们的构成方式、运作模式，对个人的意义都不相同。此外，将国家和社会纠结在一起对于建立“有限政府”，对于扶植市民社会、扩大个人生存空间都不利。第三，针对国家的犯罪和针对社会的犯罪明显不同，前者直接威胁政权组织体本身的存在；后者危及国家管理、保护之下个人集合体而非国家体制本身。[①] 虽然“三分说”也同样存在一些缺陷，但“三分说”注意到个人法益、社会法益及国家法益三者的区别，有利于正确解决法益保护上的冲突及均衡保护等问题。目前，大陆法系国家刑法典虽然建构的分则体系有所差异，但多数仍坚持了“三分说”。

从刑法典的分则体例上看，德国刑法典和日本刑法典采用的

---

① 参见周光权：《刑法各论讲义》，北京：清华大学出版社，2003 年，绪论第 6—7 页。

是“小章制”。德国刑法分则分为30章，每章规定的分别是：危害和平、叛乱、危害民主法治国家的犯罪，叛国罪和外患罪，针对外国的犯罪，妨害宪法机关及选举和表决的犯罪，危害国防的犯罪，反抗国家权力的犯罪，妨害公共秩序的犯罪，伪造货币和有价证券的犯罪，未经宣誓的伪证和伪誓犯罪，诬告犯罪，有关宗教和信仰的犯罪，妨害身份、婚姻和家庭的犯罪，妨害性自决权的犯罪，侮辱罪、妨害人身和隐私的犯罪，妨害他人生命的犯罪，伤害罪，侵害他人人身自由的犯罪，盗窃及侵占犯罪，抢劫与敲诈勒索罪，包庇与窝赃犯罪，诈骗及背信犯罪，伪造文书的犯罪，破产罪，应处罚的利欲性犯罪，妨碍竞争的犯罪，损坏财物的犯罪，危害公共安全的犯罪，污染环境的犯罪，渎职犯罪。日本刑法分则分为40章，规定的犯罪分别是：内乱罪，外患罪，有关国交的犯罪，妨害执行公务罪，脱逃罪，藏匿犯人和隐灭证据罪，骚乱罪，放火和失火罪，有关决水和水利的犯罪，妨害交通罪，侵犯居住罪，侵犯秘密罪，鸦片烟罪，有关饮用水的犯罪，伪造货币罪，伪造文书罪，伪造有价证券罪，伪造印章罪，伪证罪，诬告罪，猥亵、奸淫和重婚罪，赌博和彩票罪，有关礼拜场所和坟墓的犯罪，渎职罪，杀人罪，伤害罪，过失伤害罪，堕胎罪，遗弃罪，逮捕和监禁罪，胁迫罪，略取和诱拐罪，对名誉的犯罪，对信用和业务的犯罪，盗窃和强盗罪，诈骗和恐吓罪，侵占罪，赃物罪，毁弃和隐匿罪。而像意大利和我国刑法典分则采用的则是“大章制”。意大利《刑法典》包括两编：第二编“重罪分则”和第三编“违警罪”分则。“重罪分则”按照各种重罪所侵犯的法益类型划分为13章，它们是：国事罪，侵犯公共管理罪，侵犯司法管理罪，侵犯宗教感情和对死者怜悯罪，危害公共秩序罪，危害公共安全罪，侵犯公共安全罪，侵犯公共信义罪，妨碍公共经济、工业和贸易罪，侵犯公共道德和善良风俗罪，危害血统健全罪，妨碍家庭罪，侵犯人身罪，侵犯财产罪。“违警罪”分则划分为两章，第一章为治安违警罪，第二章是有关公共管理的社会活动的违警罪。我国刑法分则根据犯罪所侵犯的法益性质，将犯罪分为10类：危害国家安全罪，危害公共安全罪，破坏社会主义市场经济秩序罪，侵犯公民人身权利、民主权利罪，侵犯财产罪，妨碍社会管理秩序罪，危害国防利益罪，贪污贿赂罪，渎职罪，军人违反职责罪。需要说明的是，与我国刑法典规定不同，意大利《刑法典》分则并不囊括所有在刑事领域应受处罚的行为，大量的这类行为是由特别立法加以列举的，甚至一些专门领域里的犯罪完全是由特别立法调整的，在《刑法典》分则中见不到它们的踪影，比如，在环境保护、食品卫生、海关监控等领域。另一个有趣的现象是，意大利的一些刑事处罚条款规定在民商事法律之中，比如，意大利《民法典》、《航海法典》、《银行票据法》和《破产法》中都包含着一些刑事条款。将这些特殊领域的犯罪放在专门法中调整，这主要是出于立法技术上的考虑，因为对这些特殊领域里的犯罪的认定，往往同“非刑事规范”有密切的联系，比如，关于环境污染的犯罪牵涉有关的行政规范，它们有着自己的逻辑，这种逻辑有时甚至是同《刑法典》中的一般逻辑相矛盾的。值得注意的是，目前意大利“法典外刑事规范”的发展使人感到一种“非法典化”倾向；一些意大利学者认为，《刑法典》分则已逐渐退变为次要的和辅助的刑事罪状渊源。[①]

（三）根据刑法相关规定对犯罪的分类

1. 重罪与轻罪

1994年3月1日生效的法国《刑法典》第111－1条规定：

---

① 参见《意大利刑法典》，黄风译，北京：中国政法大学出版社，1998年，第38—39页。

“刑事犯罪，依其严重程度，分为重罪、轻罪及违警罪。”前述意大利刑法典也有类似的划分。关于重罪与轻罪的划分标准在我国虽然尚存争议，但主流观点认为区分重罪和轻罪不能以现实犯罪的轻重为标准，而应以法定刑为标准，可以考虑将法定最低刑为3年以上有期徒刑的犯罪界定为重罪，其他犯罪则为轻罪。我国刑法典没有将犯罪明确划分为轻罪与重罪，有学者认为，刑法第67条规定对犯罪以后自首，其中，“犯罪较轻”的可以免除处罚的规定，也暗示了可以将犯罪分为重罪与轻罪。①

2. 身份犯与非身份犯

刑法中的身份是指行为人所具有的影响定罪量刑的特定资格或人身状况，身份犯则是指以行为人的特定身份作为主体要件或量刑情节的犯罪。非身份犯是相对于身份犯而言的，是指不以特定身份作为行为犯罪主体要件或量刑情节的犯罪。所谓身份作为犯罪的构成要件，是指没有这种身份，便不构成犯罪，至少不成立身份犯。如强奸罪的主体一般是男子，妇女不能独立实施该罪。又如，贪污罪的主体只能是国家工作人员或受委托管理、经营国有财产的人员，不具备此身份的人自无单独成立此罪的可能，但可以成立普通犯罪，如盗窃罪、诈骗罪等。所谓身份作为量刑情节，是指不以特定身份作为犯罪构成要件，但有此身份却影响到刑罚的轻重。例如，我国刑法第243条诬告陷害罪的主体，不要求以特定身份为要件，任何年满16周岁、具备刑事责任能力的人均可实施该罪，但是如果主体具备国家机关工作人员身份，依照该条第2款的规定应从重处罚。换言之，国家机关工作人员身份虽不是诬告陷害罪的构成要件，但这种特殊身份却是诬告陷害罪从重处罚的根据。又如，根据刑法第19条的规定，又聋又哑的人或者盲人犯罪，可以从轻、减轻或者免除处罚。行

① 参见张明楷：《刑法学》，北京：法律出版社，2003年，第115页。

为人的这一特定身份并不是构成犯罪的必要条件，但却影响到刑罚的轻重，因而这些人实施的犯罪也属于身份犯。由上可见，身份犯的一个显著特征就在于行为人的特定身份能够影响定罪或量刑，如果某一身份对定罪量刑没有任何影响，即使刑法对其作出规定，也不属于身份犯。如我国现行刑法第 438 条第 2 款规定："盗窃、抢夺枪支、弹药、爆炸物的，依照本法第 127 条的规定处罚。"即对于军人实施上述行为的，不依盗窃、抢夺武器装备、军用物资罪论处，而构成第 127 条的盗窃、抢夺枪支、弹药、爆炸物罪。由于第 438 条第 2 款并未规定对军人应从重或从轻处罚，即军人这一特定身份并未影响定罪或量刑，因而该款不属于身份犯。身份犯是由刑法规定的，不是由判例和刑法理论所认可的，这是身份犯的法律特征。也就是说，哪些犯罪必须由具有特定身份的人实施，哪些犯罪因行为人具有特定的身份而使刑罚加重、减轻或者免除，取决于刑法的规定，否则不能称其为身份犯。例如，在我国刑法规定巨额财产来源不明罪之前，国家工作人员的财产或支出即使超过其合法收入且差额巨大，而本人又不能说明其合法来源的，也不属于身份犯。另外，在国外刑法中规定了杀害尊亲属罪，如法国、意大利等国，在这些国家，伤害尊亲属的行为予以从重处罚的规定，行为人的特定身份只是一个酌定量刑情节，因而该行为就不属于身份犯。这也是罪刑法定原则的根本要求和体现。① 日本刑法学者根据刑法第 65 条的规定将身份分为纯正身份犯与不纯正身份犯。纯正身份犯，是指在构成要件中规定的犯罪主体限于有一定身份者的情况。不纯正身份犯，是指刑法一般没有限制犯罪的主体，但有具有一定的身份者实施时规定较重或较轻刑罚的情况。我国刑法学界通常根据一定身份在定罪量刑中的作用将身份犯分为真正身份犯与不真正身份

---

① 参见杜国强：《身份犯研究》，北京：法律出版社，2005 年，第 6—8 页。

犯。所谓真正身份犯，指某种犯罪必须行为人具有一定的身份才能成立，不具有法律要求的特定身份，这种犯罪就不能成立，如贪污罪、受贿罪、职务侵占罪、刑讯逼供罪、玩忽职守罪等。不真正身份犯是指，刑法上没有规定必须具有一定身份才能构成的犯罪，具有特定的身份实施这种犯罪时刑法规定予以从重、加重或从轻、减轻处罚的犯罪，如国家机关工作人员诬告陷害罪的应从重处罚即属于不真正身份犯。

3. 累犯与再犯

累犯是因犯罪而被判处一定的刑罚，刑罚执行完毕或在赦免以后，在法定期限内又犯一定之罪的犯罪人。现代各国刑法都有累犯的规定，对累犯处以严厉的刑罚，这是各国刑法之通例。根据我国刑法的规定，累犯分为一般累犯和特别累犯两种，其构成条件各异：一般累犯，是指被判处有期徒刑以上刑罚并在刑罚执行完毕或在赦免以后，在5年内再犯应当判处有期徒刑以上刑罚之罪的犯罪人；特别累犯，也称为危害国家安全罪的累犯，是指因犯危害国家安全罪受过刑罚处罚，刑罚执行完毕或在赦免以后，在任何时候再犯危害国家安全罪的犯罪人。

从保证刑罚目的得以实现的视角考察，对累犯从严处罚有两点理论根据：其一，累犯受过刑罚处罚，仍不悔改，短期内又实施较严重之犯罪行为，表明其主观恶性深，人身危险性大，比较难以改造，需要对其判处较重的刑罚，才有利于特殊预防犯罪目的的实现。“各国刑法理论中，规定累犯加重的理由，基本上是一致的，就是说，累犯的人身危险性或反社会性较大，持有顽固性，缺乏改悛的坚持性，改恶从善比较困难，需要较长时期的改造时间。”① 其二，累犯所造成的社会危害性大于初犯，具体表

① 甘雨沛、何鹏：《外国刑法学》（上册），北京：北京大学出版社，1984年，第469页。

现为：第一，影响国家法律和刑罚在公民中的威信。第二，累犯的出现不仅表明刑罚适用和执行没有达到预防犯罪者本人重新犯罪的目的，也会损害刑罚一般预防目的实现的效果。第三，累犯往往会耗费国家司法机关在侦破案件、进行审判和改造罪犯方面更多的人力财力，增加国家在抵抗犯罪方面的成本支出。第四，累犯的行为对社会心理秩序和对公民个人心理具有较大的破坏性。“累犯加重处罚的根据，应当从主客观的统一上来考虑，而重点在于行为人经过惩罚不知悔改反复实施犯罪的主观恶性。”① 累犯不仅比初犯或其他犯罪人具有更深的主观恶性和更大的人身危险性，而且其所实施的犯罪行为具有更为严重的社会危害性，因此，根据罪责刑相适应原则和刑罚个别化原则，对于累犯必须从严惩处。只有如此，才能提高惩治犯罪、改造犯罪人的实际效果，有效地保证刑罚特殊预防和一般预防目的的实现。

顾名思义而解读再犯，再犯应指再次实施犯罪的人。广义的再犯包括累犯，由于刑法对累犯的构成条件作了特别规定，因此，本文中的再犯是指除累犯之外的重新犯罪者。1990 年全国人大常委会《关于禁毒的决定》第 11 条第 2 款规定：“因走私、贩毒、运输、制造、非法持有毒品罪判过刑，又犯本决定规定之罪的，从重处罚。”1997 年修订刑法时吸纳了这一内容，现行刑法第 356 条规定：“因走私、贩毒、运输、制造、非法持有毒品罪判过刑，又犯本决定规定之罪的，从重处罚。”由于该条规定的犯罪之构成及处置与刑法规定的危害国家安全罪累犯的构成条件和法律后果相类似，因此，这一规定应理解为累犯还是再犯在理论界和实务部门均存在不同的意见。主张我国刑法规定的是“毒品累犯”的观点认为，毒品累犯是一种特殊的累犯形式，它虽然没有在刑法总则中加以规定，而是规定在分则中，但是也不

① 马克昌：《比较刑法原理》，武汉：武汉大学出版社，2002 年，第 901 页。

能以此否认它是一种特殊累犯，因为比较类似的情况有缓刑制度，一般缓刑规定在总则中，而战时缓刑也是规定在分则中。[①]笔者认为，我国刑法第256条规定的不是特殊累犯，而是毒品再犯（或“毒品又犯”）。为什么这样理解呢？理由是：第一，我国刑法第65条规定的是一般累犯，刑法第66条规定的是特殊累犯，而关于实施毒品犯罪被判刑又犯毒品犯罪应从重处罚的规定是刑法分则中的特殊规定。第二，我国刑法规定的危害国家安全罪的累犯，是相对于一般累犯而言的特殊累犯，根据刑法第66条的规定，危害国家安全罪的特殊累犯，是指犯危害国家安全罪受过刑罚处罚，刑罚执行完毕或者赦免以后，在任何时候再犯危害国家安全罪的犯罪人。该特殊累犯构成的前提条件是前罪与后罪必须均为危害国家安全罪。如果行为人实施的前后两罪都不是危害国家安全罪，或者其中之一不是危害国家安全罪，就不能构成危害国家安全罪的特殊累犯。至于是否能够构成一般累犯，则应当根据一般累犯的构成条件加以认定。在危害国家安全罪的特殊累犯中，前后罪是对应关系，而刑法第356条对所犯前罪中的毒品犯罪作了限制性规定，前罪规定只是列举了走私、贩毒、运输、制造、非法持有毒品罪，但后罪则是指实施我国刑法第6章第7节规定的所有毒品犯罪，前后之罪缺乏对应性。第三，我国刑法所规定的危害国家安全罪的特殊累犯，体现了对危害国家安全的特殊累犯较之于一般累犯更加从严惩处精神。我国刑法将危害国家安全罪排列在分则各章犯罪之首，表明危害国家安全罪的严重社会危害性，刑法总则特殊累犯的规定也表明国家对打击这类犯罪的重视和决心。虽然毒品犯罪是一种具有严重危害性的多发犯罪，但其危害性及在立法上的评价与危害国家安全罪是不可

① 参见陈兴良、朗胜、姜伟、张军：《刑法纵横谈》，北京：法律出版社，2003年，第390页。

相提并论的，甚至其危害程度也没有一些危害公共安全犯罪和侵犯公民生命权、健康权的犯罪严重。从多发性上说，一些侵犯财产的犯罪比之毒品犯罪有过之而无不及。因此，立法规定“毒品犯罪”的必要性和合理性是值得商榷的。第四，我国现行刑法典规定，累犯不得适用缓刑和假释。根据在法律规定不甚明确时应作有利于被告人解释的司法规则，认为刑法典第356条规定的是毒品再犯而不是一种特殊累犯的观点是可取的。①

由上观之，我国现行刑法对再犯未作一般的规定，只是个别地设置再犯从重处罚的特别构成要件。

4. 亲告罪与非亲告罪

亲告罪是指将告诉作为追诉要件的犯罪，也就是告诉才处理的犯罪。非亲告罪是指不属于法定亲告罪的一般犯罪，也就是刑法没有明确规定为告诉才处理的犯罪。我国亲告罪始于唐代，《唐律·斗讼律》规定：“诸殴妻者，减凡人二等，死者以凡人论。殴亲折伤以上，减妻二等。若妻殴伤杀妾，与夫殴伤杀妻同。”其注云：“皆须妻妾亲告乃坐。即至死者，听余人告”“诸妻殴夫，徒一年，若殴伤重者，加凡斗伤三等。”其注云：“须夫告乃论。”此外，妻妾骂夫之祖父母、父母，须舅姑告乃论。子孙违反教令及供养有阙者，须祖父母、父母告乃坐。宋代法律规定与唐代基本相同。明代法律规定告乃坐犯罪的范围更宽一些，包括奴婢、雇工骂家长和家长的亲属等，须亲告乃坐；骂祖父母、父母、缌麻兄姐、小功、大功亲属，妻妾骂夫之祖父母、父母、夫之期亲以下，缌麻以上等尊长，妻骂夫，妾骂妻及妻之

---

① 透视累犯制度的立法趣旨，借鉴外国立法例并结合我国的实际情况，笔者建议对我国刑法规定的累犯制度，作如下完善：1. 规定防卫过当和避险过当不构成累犯；2. 将累犯制度的刑事责任原则修改为“应当从重或者加重处罚”；3. 应重构我国特殊累犯制度，规定“在刑罚执行完毕或赦免后第三次或三次以上犯罪构成累犯的”以及“构成累犯的前后两罪为相同或者类似之罪的”，为特殊累犯。

父母等，均须亲告乃坐。总的来说，我国古代亲告罪的范围一般仅限于亲属之间的轻微犯罪。在英美法系国家由于有判例法的传统，因此没有亲告罪的规定，大陆法系国家及受其影响较大的国家，如德国、意大利、日本、俄罗斯、瑞士、西班牙、韩国等都有亲告罪的规定。[①] 根据我国刑法第 89 条的规定，告诉才处理，是指被害人告诉才处理，如果被害人因受强制、威吓无法告诉的，人民检察院和被害人的近亲属也可以告诉。亲告犯罪必须有刑法的明确规定，对于非亲告罪之起诉不以被害人意志而改变，人民检察院均应依法提起公诉。“刑法将部分犯罪规定为亲告罪，主要是综合考虑了三个因素：首先，这种犯罪比较轻微，不属于严重犯罪。其次，这种犯罪往往发生在亲属、邻居、同事之间，被害人与行为人之间一般存在较为密切的关系。最后，这种犯罪涉及被害人的名誉，任意提起诉讼有可能损害被害人的名誉。”[②] 笔者认为，基于对被害人的名誉保护，并考虑到犯罪行为侵害的是个人法益且对法益的侵害程度比较轻微应是立法规定亲告罪的主要考虑因素。例如，根据日本刑法的规定，刑法第 176 条至第 179 条所规定之罪为亲告罪，告诉的才能提起公诉（刑法第 180 条第 1 款）。二人以上在现场共同实施第 176 条至第 179 条所规定之罪的，不适用前款规定（同条第 2 款）。因为强制猥亵、强奸等犯罪的被害人，由于追诉犯罪而不得不参加调查、审判程序，在名誉以及其他方面会遭受社会生活上的重大不利，所以，上述犯罪被规定为亲告罪。由于上述犯罪是亲告罪，犯罪行为人有可能得不到应有处罚，如此，则毫无疑问地可能助长这种犯罪。考虑到这一点，在部分修改刑法的时候，立法者认

---

① 参见李立景：《亲告罪要论》，北京：中国人民公安大学出版社，2003 年，第 1—2 页。

② 参见张明楷：《刑法学》，北京：法律出版社，2003 年，第 118 页。

为作为暴力犯罪对象的一环，对于轮奸等恶劣犯罪，与其重视对被害人利益的保护，倒不如更应该重视对犯罪人的处罚，于是，追加了刑法第 180 条第 2 款的规定。① 由于立法价值取向及文化背景等的差异，各国立法上的亲告罪数量和范围不尽一致，但通常都是将亲告罪限定为侵害个人法益的犯罪。我国现行刑法规定了 5 种亲告罪，即侮辱罪、诽谤罪、暴力干涉婚姻自由罪、虐待罪、侵占罪。亲告罪的立法趣旨在于保护被害人的个人法益和尊重被害人的意志自由。

除上述犯罪的分类以外，根据刑事立法的规定，还可以根据不同的标准对犯罪作各种分类。例如，以犯罪行为对法益侵害的程度及体现的社会危害性的轻重为标准，犯罪可以分为基本犯、加重犯与减轻犯等。相关分类将在下文有关内容中论及。

第三节　罪刑关系的建构

一、罪刑关系建构的根据

罪刑关系的立法建构是罪刑法定原则最基本的要求。罪刑法定原则要求成文刑法明确规定犯罪的构成要件与刑罚。罪刑关系建构的根据问题不仅关涉法定刑存在的正当性，而且关系到犯罪与刑罚之间的合理性。由于罪刑关系建构的根本诉求在于实现刑罚目的、完成刑法任务，因此，笔者在下文中拟从公正惩罚犯罪、有效预防犯罪及最大限度地保护法益方面论证罪刑关系建构

---

① 参见［日］大谷实：《刑法各论》，黎宏译，北京：法律出版社，2003 年，第 89—90 页。

的根据。[①]

（一）公正惩罚犯罪：罪刑关系建构的根据之一

我国刑罚的第一层次目的是公正惩罚犯罪。公正惩罚犯罪作为刑罚目的，是指国家为了惩罚犯罪而制定刑罚，对犯罪人之所以适用和执行刑罚是因为他犯了罪，通过惩治犯罪表达社会正义观念，恢复社会秩序。因此，公正惩罚犯罪成为罪刑关系建构的根据之一。

罪刑法定主义原则，从 18 世纪开始，经过 19 世纪，直到现代，一直是刑事立法的支柱。近代刑法思想的奠基人费尔巴哈曾以简明的法谚形式对罪刑法定原则（亦称罪刑法定主义）作了表述，即（1）无法律则无处罚；（2）无犯罪则无刑罚；(3) 无法律规定的刑罚则无犯罪。其中“无犯罪则无刑罚”现已成为近代刑法公认的原则，也是我国刑法典第 3 条规定的罪刑法定原则的题中应有之义。刑罚就是用来惩罚已然之罪的，没有已然之罪，刑罚也就失去了存在的理由。国家明确地以罪刑法定原则来保障人们享有的权利自由的不可侵犯性。我国现行刑法第 1 条规定：“为了惩罚犯罪，保护人民，根据宪法，结合我国同犯罪作斗争的具体经验及实际情况，制定本法。”现行刑事诉讼法第 1 条规定：“为了保证刑法的正确实施，惩罚犯罪，保护人民，保障国家安全和社会公共安全，维护社会主义秩序，根据宪法制定本法。”我国监狱法第 1 条规定：“为了正确执行刑罚，惩罚和改造罪犯，预防和减少犯罪，根据宪法制定本法。”前引刑事实体法、刑事程序法与行刑法的三个条文均分别表明国家制刑的目的之一即是公正惩罚犯罪。

---

① 关于三层次说的刑罚目的之论证，可参见韩轶：《刑罚目的的建构与实现》，北京：中国人民公安大学出版社，2005 年，第 80 页。

现代刑罚理论从人本主义出发，以人的主体性或主导性为支点，从而发展了以行为为中心的近代刑罚理论，建立起“分配主义”的罪刑相适应原则。[①] 刑罚的制定和适用：“第一必须做到罪行的轻重与刑罚的量的均衡，即均衡原则。法定刑及宣告刑必须与犯罪类型以及宣判的具体犯罪的轻重，特别是非难的大小相均衡。第二刑罚是施加于可以依法，但却没有依法之行为的非难，就这一点来说，……刑罚在本质上是对过去犯罪责任的追究，并以此为基础而被正当化的存在。”[②] 我国刑法典第 5 条规定的罪责刑相适应原则就是从传统的罪刑相适应原则发展而来的。罪责刑相适应原则的含义是：犯多大的罪，就应承担多大的责任，法院也应判处其相应轻重的刑罚，做到重罪重罚，轻罪轻罚，罪刑相称，罚当其罪；在确立、适用与执行刑罚时，既要考虑犯罪的客观社会危害性，也要结合考虑行为人的主观恶性和人身危险性。该原则合理化的基本因子就是惩罚与预防，其所展示的价值取向则是公正（或正义）和功利（或效率）。虽然罪责刑相适应原则既注重刑罚与犯罪行为相适应，又注意刑罚与犯罪行为人主观恶性、人身危险性相适应，但不容否认的是，在立法上规定和实践中适用刑罚时，应当以犯罪行为为客观基础和基本依据。意大利刑法学家贝卡利亚指出：“犯罪对公共利益的危害越大，促使人们犯罪的力量越强，制止人们犯罪的手段就应该越强有力。这就需要刑罚与犯罪相对称”。[③] 即犯罪的社会危害程度的大小，是决定刑罚轻重的重要依据。罪责刑相适应作为罪与刑关系的基本准则始终制约着我国刑事活动的全过程，而刑罚目的

---

① 参见甘雨沛：《比较刑法大全》（上册），北京：北京大学出版社，1997 年，第 527 页。

② ［日］大谷实：《刑法讲义总论》，日本：成文堂，1994 年第 4 版，第 52 页。

③ ［意］贝卡利亚：《论犯罪与刑罚》，北京：中国大百科全书出版社，1993 年，第 527 页。

作为国家创制、适用和执行刑罚的总体目标也具有普遍指导意义，刑罚目的决定对刑罚方法和制度的选择与取舍。我国刑罚目的研究中占支配地位的功利型预防论的刑罚目的观点忽略了国家创制、适用、执行刑罚活动的完整性和系统性，忽略了刑罚目的与罪刑法定和罪责刑相适应原则之间的辩证关系。超出罪责刑相适应的界限而追求刑罚的功利性目的即是本末倒置。综观我国现行刑事法律规范和司法实践，可以看出犯罪行为的社会危害性程度已成为刑罚创制、刑罚裁量和刑罚执行的基本依据或核心。这实际上就承认了刑罚首先是对已然犯罪的回顾。因此，可以认为刑罚惩罚目的是罪刑法定和罪责刑相适应原则对于刑罚目的的必然要求。刑罚目的应以通过刑罚公正惩罚犯罪、伸张社会正义作为其追求的价值目标。否认刑罚的公正惩罚目的，无异于否认罪刑法定和罪责刑相适应的刑法基本原则，无异于否认刑罚的公平与正义的内涵，从而在道义上否认了刑罚确立的合理性。

公正惩罚作为刑罚目的，是指对犯罪人之所以适用刑罚是因为他犯了罪，通过惩治犯罪表达社会正义观念，恢复社会秩序。美国著名法学家约翰·罗尔斯指出："正义是社会制度的首要价值，正像真理是思想体系的首要价值一样。一种理论，无论它多么精致和简洁，只要它不真实，就必须加以拒绝或修正；同样，某些法律制度，不管它们如何有效率和有条理，只要它们不正义，就必须加以改造或废除。"① 现代法治应当遵循"正义优先、兼顾效率和秩序"的价值取向，在立法和司法实践中，应当充分重视利用健全的机制遏制立法者和司法官员的恣意。承认并且标志"公平、正义"的刑罚，也只有将其发动的强度归咎于客观的犯罪行为，才能获得社会观念的普遍接纳和认可，并由此获

① ［美］约翰·罗尔斯：《正义论》，北京：中国社会科学出版社，1988 年，第1页。

其尊严与威慑。在某种意义上说，对刑罚公正惩罚犯罪目的的强调也就是对法律威信的强调，因为公正惩罚犯罪意味着法定刑罚的实现。同时，“刑罚以惩罚为目的奠基于将犯罪人作为目的的理念之上，不容置疑地构成对犯罪人作为目的的理性的尊重，具有与社会公正观念相吻合的一面。”[①] 对于刑罚不能以预防犯罪作为唯一目的，德国古典哲学家、著名思想家康德是如此论述的：“惩罚永远不能仅仅作为促进对罪犯本人或者公民社会的另一种善的手段而实施，而必须在所有情况下都只是由于它被施加的个人犯了一种罪才施加，因为一个人永远不应该仅仅作为一种服从他人的目的手段，也不能与物权对象混淆。他的与生俱来的人格保护他反对这种对待，哪怕他可能被判处失去他的公民人格。他必须首先被发现是有罪的和可能受到惩罚的，然后才能考虑为他人或者为他的公民伙伴们，从他的惩罚中取得什么教训。”[②] 在这里，康德从犯罪人是人，而人只能是目的不能作为手段这一前提出发，反对把刑罚仅仅作为预防犯罪的手段，肯定了刑罚应该以公正惩罚为目的。美国学者安德鲁·冯·赫希指出：“刑罚不只是一种预防犯罪的方法，而且还是一种对行为人罪行的对应反应……当运用预防说明刑罚的社会作用时，就需要用惩罚去解释为什么造成罪犯痛苦的功利主义是正义的。”[③] 刑事司法活动中，从刑罚惩罚犯罪目的推导出的“刑从罪生、刑足制罪”原则的实现，不仅满足了公众的公平心理需求，也在一定程度上使犯罪人感到刑之公正而心悦诚服，认真改造，从而不再重蹈覆辙。如果重罪轻罚，就不足以真正教育改造犯罪人，

① 邱兴隆：《刑罚是什么?》，载《法学》，2000 年第 4 期。

② ［德］康德：《法的形而上学原理》，北京：商务印书馆，1997 年，第 164 页。

③ ［美］理查德·霍金斯等：《美国监狱制度》，北京：中国人民公安大学出版社，1991 年，第 101 页。

也不利于警戒社会上潜在犯罪人；如果轻罪重罚，就不能促使犯罪人从思想上真正认罪服法，去恶从善。同时，实践证明：严刑苛罚是不可能制止和控制犯罪的，而且还会失去民众的支持。因此，以公正为基础的刑罚惩罚目的是国家确立、适用与执行刑罚所直接追求的一种客观效果。没有科学性的刑罚是盲目的，而失去人性的刑罚是空虚的。我们在建构罪刑关系时，应关注刑罚的内在精神与终极价值，使对罪刑关系的建构成为公正惩罚犯罪的有效保障。

刑罚的惩罚目的不仅具有其理论基础和立法依据，而且在我国还具有其历史根源和伦理基础。早在我国尧舜时期，原始刑产生之初，就有了“代行天罚”的思想。夏、商、周的统治者，都认为他们自己对犯罪人适用刑罚是“替天行罚”、“恭行天罚”。春秋战国时期思想家荀况指出：“杀人者不死，而伤人者不刑，是谓惠暴而宽贼也，……夫征暴诛悍，治之盛也。杀人者死，伤人者刑，是百王之所同也，未有知其所有来者也。刑称罪则治，不称罪则乱。故治则刑重，乱则刑轻。”[①] 在荀况看来，刑罚如果“不威不强”则“不足以禁暴胜悍”，因此，刑罚的轻重应该取决于犯罪的大小。此后，天罚思想得到西汉政治家和法律思想家董仲舒的进一步发展与完善。董仲舒认为“庆赏罚刑之不可不具也，如春夏秋冬之不可不备也”。[②] 董仲舒的这种天罚思想，对其后中国历朝各代的刑罚活动都产生了广泛影响。惩罚观念，作为人类文化传统的一部分，也深植于今日公众的内心。“罪有应得”、“死有余辜”等，直接而形象地反映着社会公众固有的正义、合理观念。诸如“咎由自取”、“应得的惩罚”等朴素的惩罚表述均展示着我们的观念与实践对于公正惩罚犯罪

① 荀子：《正论》。
② 董仲舒：《春秋繁露·四时之副》。

的追求。刑罚是要求立足于作为国民一般意识乃至社会观念的惩罚观念之上的，而以惩罚为基础的又是针对行为人实施了法律所不允许的行为的一种道义上的非难，所以刑罚的内容必须是惩罚乃至痛苦了。[①] 毋庸讳言，在一些死刑案件中，我们对于惩罚犯罪的追求表现得更为直接、强烈。因为针对他人的一般威慑需要，不应成为针对犯罪人的死刑适用的理由，这是刑罚个人责任原则的应有之义。犯罪行为人之所以应判死刑，是由其行为的社会危害性决定的，与此危害程度相当的刑罚必须是死刑。针对罪犯的死刑，是刑罚公正惩罚目的的直接体现或反映。

（二）有效预防犯罪：罪刑关系建构的根据之二

我国刑罚的第二层次目的是有效预防犯罪。预防作为刑罚目的，是指国家制定刑罚和对犯罪人适用及执行刑罚，是为了预防犯罪，通过预防犯罪实现社会功利观念。根据预防对象不同，刑罚的预防可分为特殊预防与一般预防。有效预防犯罪也应成为罪刑关系建构的根据。

特殊预防，是指通过对犯罪人适用和执行刑罚，以预防其重新犯罪。特殊预防的对象是已经实施了犯罪行为的人。特殊预防具体表现为：一是通过刑罚的惩罚，使犯罪人亲身体验受刑之苦，不敢重新犯罪；二是通过剥夺犯罪人自由或生命等权利也即剥夺犯罪人继续犯罪的条件使之不能犯罪；三是通过改造教育，将犯罪人教育改造成为自愿守法公民使其不再重新犯罪。一般预防是指通过制定、适用和执行刑罚，威慑、警戒社会上的一般人，防止他们实施犯罪。一般预防表现为：一是通过惩罚犯罪、威慑社会上可能犯罪的人，使其不敢以身试法；二是通过刑法制

---

① 参见［日］大谷实：《刑法讲义总论》，日本：成文堂，1994 年第 4 版，第 51—52 页。

定、刑法公布、法制宣传、公开判决等形式，教育公民自觉守法并鼓励公民同犯罪分子或犯罪现象作斗争；三是通过对犯罪人的刑罚惩罚来抚慰被害人及其家属，防止产生私力求助、冤冤相报的情形。

特殊预防与一般预防是预防犯罪刑罚目的的基本内容。二者之间是一种既对立又统一的辩证关系。1. 特殊预防与一般预防的对立关系。特殊预防与一般预防的对立在于二者预防对象不同。特殊预防的对象是犯罪人，从预防犯罪人重新犯罪的效果上考量，一般根据犯罪人改造的难易程度适用和执行刑罚。如对犯罪习癖较深的累犯、再犯等而言，由于其屡教不改，再次实施危害社会行为的可能性较大，因而需要判较重刑罚和执行较长的刑期；而对于偶犯、初犯和过失犯，由于其较为容易改造，一般就不应判处重刑和执行长期刑期。一般预防的对象是犯罪人以外的其他人，主要是有犯罪倾向的人，从一般预防意图的贯彻和实现效果上考量，对犯罪人判处和执行刑罚应考虑社会治安状态和震慑社会上的不稳定分子，如果社会治安稳定，可以对犯罪人相对从轻裁量刑罚，反之，如果社会治安形势严峻则可以依法从重从快惩罚犯罪人。如此，在司法实务中就会出现这样的情形，对某一个犯罪人，从特殊预防的需要出发应从重判处或从严执行刑罚，而从一般预防的需要出发则应从轻判处或从宽执行刑罚。或者相反，从特殊预防的角度看，应判处轻刑或从宽执行刑罚，而从一般预防的角度观之，则应相对从重量刑或从严行刑。这样就明显表现出特殊预防需要与一般预防需要的矛盾和冲突。2. 特殊预防与一般预防的统一关系。特殊预防与一般预防的统一关系主要表现在以下三个方面：首先，特殊预防与一般预防的目的是完全一致的。虽然特殊预防与一般预防作用的对象不同，但二者追求的目的都是预防犯罪的发生。其次，特殊预防与一般预防实现的过程和赖以实现的基础是基本一致的。特殊预防与一般预防均贯穿于刑事活动的全过程，二者的实现都有赖于刑事活动中各个环节的互相配合和刑罚功能的充分发挥。最后，一般预防效果的产生有赖于特殊预防的实现。因为，一般预防的作用往往是通过特殊预防的辐射作用实现的。3. 特殊预防与一般预防的主次关系。笔者认为，刑事立法阶段一般预防与特殊预防同样重要，刑罚裁量阶段和刑罚执行阶段，都应当更多地考虑特殊预防的需要，也就是说，量刑和行刑活动都应以特殊预防为主，同时兼顾一般预防。还应当指出，在我国，特殊预防与一般预防的作用和效果应是同时存在的，二者不仅构成我国第二层次刑罚目的即预防犯罪刑罚目的的整体，密切联系，不可分割，而且二者之间存在相互结合和相辅相成的关系。虽然特殊预防是刑罚裁量环节考虑的主要方面，但也不排除在不同的具体历史条件下，随着社会形势的变化或某种犯罪在一定时期内的增加或减少以及因案件情况的差异，在刑罚裁量时可以对一般预防给予更多的考虑。但是，更多的考虑一般预防的需要并不意味着一般预防的需要可以压倒特殊预防的需要，而且，无论是考虑特殊预防的需要还是一般预防的需要，适用刑罚的轻重程度都必须以法定刑为标准，也就是只能在罪责刑相适应的限度内追求预防犯罪的目的。

刑罚的消极预防，也称为威慑预防，是指国家通过立法的威慑作用及对特定犯罪人适用和执行刑罚产生的司法威慑效果，从而预防犯罪。根据威摄对象的不同，刑罚的消极预防可以分为消极的特殊预防（以犯罪人为对象）和消极的一般预防（主要以意欲犯罪人为对象）。刑罚的积极预防，也称为规范预防，是指国家通过制定、适用和执行刑罚唤醒和强化犯罪人和犯罪人以外的其他人的规范意识，从而预防犯罪。刑罚的积极预防亦可分为积极的特殊预防（以犯罪人为对象）和积极的一般预防（以意欲犯罪人、被害人和其他守法公民为对象。）

刑罚消极预防与积极预防同特殊预防与一般预防一样，是预防之刑的两个方面，正确认识两者之间的关系，对于深化刑罚理论研究具有重要意义。1. 消极预防与积极预防的对立性。消极预防与积极预防作为预防刑的两个方面，首先必须承认两者之间存在一定的差别，这种差别主要表现在作用基点的不同上。刑罚消极预防的作用是基于刑罚的威慑功能，目的在于防止已然犯罪人重新犯罪和意欲犯罪人实施犯罪。而刑罚积极预防的作用主要是基于刑罚的教育、鼓励功能，目的在于教育改造犯罪人和教育、鼓励犯罪人之外的其他人，唤醒和强化人们的法律规范意识而预防犯罪。由于两者作用的基点之差异，有时就产生了消极预防与积极预防的矛盾和冲突。这主要表现为：立法机关、司法机关和行刑机关根据社会治安形势的变化和对象的差异而调整对消极预防与积极预防的侧重。针对意欲犯罪人，应重视刑罚的威慑功能的发挥，质言之，应当以刑罚消极预防为主，同时兼顾积极预防；对已然犯罪人，可谓刑罚的威慑与教育改造功能并重，即消极预防与积极预防并重；对广大人民群众则应重视法制教育和支持、鼓励其守法行为，即重视刑罚的积极预防作用。我们知道，从重从快打击刑事犯罪即“严打”是颇具中国特色的控制刑事犯罪之非常策略。毋庸置疑，在重特大恶性治安事件频频发生、刑事犯罪日趋猖獗，尤其是黑恶势力日趋嚣张的背景下，通过“严打”整治社会治安和遏制刑事犯罪高发态势是必要而且迫切的，但是应该看到公正和效率是法治现代化建设尤其是司法工作者的主题及价值目标，以刑事司法为主要内容的“严打”应当在价值取向上实现公正与效率的兼容，而不能以牺牲公正为代价片面地追求所谓的效率，否则后果可能事与愿违。[①] 须知，虽然较重的刑罚因使犯罪成本增大而一般会具有较大的威慑效

---

① 参见刘武俊：《与“严打”有关的法律思考》，载《南方周末》，2001 年 5 月 1 日。

果，但我们不能因此将预防犯罪的目的建立在重刑之上。因为崇尚重刑会使刑罚失去正义和公正。此外，对于预防过失犯罪来说，刑罚威慑难有大的作为，而刑罚的积极预防确能起到不可替代的作用。过失犯罪是行为人在自己的行为可能导致某种危险的情况下因疏忽大意而没有预见或过于自信的结果，规范意识的培养和形成，能够促使人们戒除疏忽大意或过于自信的心理，更加谨慎地选择自己的行为，从而有意识地防止和避免实施过失犯罪。在刑事法律活动中，应更多地考虑积极预防的需要，唤醒和强化人们的规范意识，启蒙和培养人们的守法观念，支持和鼓励公民的守法行为。2. 消极预防与积极预防的同一性。消极预防与积极预防虽然存在对立的一面，但同时也存在同一的一面。廓清消极预防与积极预防的同一性，对于认识两者之间的关系无疑具有现实意义。首先，消极预防与积极预防的目的具有共同性。消极预防与积极预防尽管作用的基点有所不同，但两者的共同目的都在于预防犯罪。可以认为，预防犯罪是消极预防与积极预防的共同归宿，正是这一共同目的，决定了消极预防与积极预防本质上的一致性。其次，消极预防与积极预防的作用具有互补性。刑罚的消极预防，主要以已然犯罪人和意欲犯罪人为对象，通过刑罚的威慑作用预防犯罪的产生。而刑罚的积极预防则是以犯罪人和犯罪人以外的所有人为对象，通过刑罚的改造功能、教育功能和支持、鼓励功能而预防犯罪的发生。刑罚消极预防与积极预防的作用是互补的：刑罚的威慑作用在一定程度上也具有唤醒和强化人们规范意识的效果；对犯罪人的劳动改造和教育改造本身亦能发挥刑罚的威慑作用。总而言之，刑罚的消极预防与积极预防之间是一种对立统一关系。如果能正确认识和把握两者之间关系，就会使刑罚的消极预防与积极预防相辅相成，如果不能理性地审视两者的关系，片面地追求某一方面的目的，那都将会使消极预防与积极预防的刑罚目的难以实现。

综上分析，在建构罪刑关系时，应同时兼顾刑罚的特殊预防与一般预防、刑罚的消极预防与积极预防，以使刑罚预防犯罪的功效相得益彰。

（三）最大限度地保护法益：罪刑关系建构的根据之三

最大限度地保护法益是我国刑罚目的第三层次目的，也是刑罚目的的最高层次（或深层目的），是我国刑事立法和刑事司法活动追求的最终目标。保护法益的刑罚目的，是保护各种合法利益不受犯罪行为的侵犯。刑罚保护法益目的的确立是与犯罪的本质是侵害法益的主张相联系的。保护法益之刑罚目的的实现效果是考量罪刑关系合理性的核心标准。

笔者主张刑罚目的是一个完整的整体，是层次性的统一。我国刑罚目的可以分为三个层次，三个层次的刑罚目的分别是公正惩罚犯罪、有效预防犯罪和最大限度地保护法益。在我国，三个层次的刑罚目的相互依存、相互作用，共同调整刑罚的制定、刑罚的裁量和刑罚的执行。进一步言之，我国刑罚目的的三个层次具有递进深入关系，其中刑罚最大限度地保护法益的第三层次目的是刑罚目的的最高层次（或深层目的），是刑罚追求的最终目标，它指出我国现阶段刑事法律活动的根本方向。目的的层次性要求我国刑事立法和刑事司法的完善必须服务于刑罚保护法益目的的实现。公正惩罚犯罪的第一层次目的和有效预防犯罪的第二层次目的具体指导刑罚的制定、适用和执行。最大限度地保护法益的刑罚目的决定公正惩罚犯罪和有效预防犯罪的刑罚目的；公正惩罚犯罪和有效预防犯罪的刑罚目的则是实现最大限度地保护法益目的的必要条件（或手段）。从理论上说，只有实现了公正惩罚犯罪和有效预防犯罪的刑罚目的，才有可能最终实现最大限度地保护法益的刑罚目的；而从实践上说，只有实现了最大限度地保护法益的刑罚目的，刑罚公正惩罚犯罪和有效预防犯罪的目的才不是虚假和片面的。[①] 刑罚三个层次的目的构成我国罪刑关系建构的统一根据。国家在建构罪刑关系时，如果能正确认识和把握刑罚三个层次目的之间的关系，就会使刑罚的三个层次目的处于和谐之中，罪刑关系之公正和效率兼备。这样，社会便会形成一种良性运行和平衡，从而从总体上降低犯罪行为发生的频率和行为强度，并以此最大限度地减少犯罪现象的出现，实现保护合法利益的终极目标。

二、罪刑关系合理性的内涵

刑法体系是一个有机的统一，其内部的有序协调乃是刑事立法的基本要求。对于法益保护的刑法目的来说，罪刑关系的合理化显得尤为重要。“所谓罪刑关系的合理化，就是犯罪与刑罚的设立与配置及其二者关系的均衡的一种理想状态。”[②] 具体言之，主要包括两个方面的内容：具体犯罪中配置的法定刑应当与该种犯罪侵害的法益性质及程度相适应，应立足于行为侵害法益的性质及程度协调罪与罪之间的刑罚分配。正如我国学者所认为，刑罚配置的合理化，要从纵向与横向两个方面加以说明。从纵向方面来说，个罪的刑度应当具有合理性，既根据具体犯罪的不同情节，充分运用基本构成和加重构成的立法技术，设立法定刑的刑度，规定几个轻重有别而又合理衔接或交叉的法定刑的刑度，并在每个刑度内设立可供选择的刑种幅度。只有这样，才能避免刑度大小失当，可以适应犯罪和犯罪人的不同情况，恰如其分地适用刑罚，从而有效地实现罪刑均衡。从横向方面来说，个罪之间

---

① 参见韩铁：《刑罚目的的建构与实现》，北京：中国人民公安大学出版社，2005 年，第 80—81 页。

② 陈兴良：《本体刑法学》，北京：商务印书馆，2001 年，第 117 页。

的刑度应当具有平衡性，即危害性质和危害程度近似的犯罪，其刑度大体相同，当对某种犯罪行为适用某种刑罚基本相当时，立法者就没有必要处以他种更为严厉的刑罚，并使得相近犯罪的刑度协调统一。①

三、罪刑关系的特性分析

犯罪与刑罚是刑法中最重要的一对实体范畴，罪刑关系也就是这一实体范畴之间的相互关系。犯罪是刑罚的前提，刑罚是犯罪的后果，罪刑关系通常是由刑法分则条文中的罪状与法定刑构成。刑法的价值只能在合理的罪刑关系中得到体现，也只有建构合理的罪刑关系才能实现保护法益的刑法任务。合理的罪刑关系应具有公平性、人本性、明确性、系统性和科学性。

（一）罪刑关系的公平性

罪刑关系的公平性是刑法公正性价值的最主要也是最直接的体现。刑法不仅是社会规则中的重要组成部分，而且在所有的社会规则中，只有刑法规范调整的社会关系最为广泛，其强制性是为严厉，因而公平性（与公正性、正义性同义）应当成为刑法的核心价值。

公平又称公正或正义，公正是社会的一种基本价值观念与准则。公正与一定的社会基本制度相连，并以此为基准，规定着社会成员具体的基本权利和义务，规定着资源与利益在社会群体之间、在社会成员之间的适当安排和合理分配。② 早在古希腊、古

① 参见陈兴良：《本体刑法学》，北京：商务印书馆，2001 年，第 111—112 页。

② 参见吴忠民：《公正新论》，载《中国社会科学》，2000 年第 4 期。

罗马就有一些先哲们对公正问题进行思考，近代刑法史上的新派与旧派关于刑罚正当化根据的争论正是围绕着刑罚的公正观或正义的理念而展开的。在社会制度的架构中，法律与正义的关系甚为密切，正如美国学者博登海默指出："正是正义概念，把我们的注意力集中到了作为规范大厦组成部分的规则、原则和标准的公正性与合理性上。正义所关注的是法律规范与制度安排的内容，它们对人类的影响，以及它们在人类幸福与文明建设中的价值。如果用最为广泛和最为一般的术语来谈论正义，人们就可能会说，正义所关注的是如何使一个群体的秩序或社会的制度适合于实现其基本目的和任务。如果我们并不是假装要提出一个全面的定义，那么我们就可能指出，满足了人的合理需要与要求，并与此同时促进生产和社会内聚性的程度——这是维持文明社会生活方式所必需的——就是正义的目标。"① 而在法律体系内部，刑事法律制度与公正或正义的结合最为直接，"正义肇始于对犯罪、惩罚和债务的简单而又易懂的规则。"② 由于刑法涉及公民最为重要的权利即生命权、自由权、财产权是否被剥夺，因而正义性或公正性更是它的生命，更值得我们关注。因此，探讨刑法的公正理念便成为一个相当必要也十分有意义的事情。

立足于刑法的视域来看，公正价值蕴含在刑事立法和刑事司法之中，罪责刑相适应原则反映了刑法的公平、正义的要求。刑法的公正有立法公正、裁判公正、行刑公正之分。刑事立法公正主要表现在罪刑规范设立的公正性、合理性上。一方面，只有对那些确有必要禁止的行为，才能在刑法上规定为犯罪；另一方面，从个罪来说，配置的法定刑应当与这种犯罪的性质相适应，

---

① 陈兴良：《刑罚公正论》，载《法学研究》，1997 年第 3 期。

② ［美］德沃金：《法律帝国》，李常青等译，北京：中国大百科全书出版社，1996 年，第 68 页。

重罪重刑，轻罪轻刑，此外，罪与罪之间刑罚分配应当协调、合理。刑事裁判公正是指做到定罪准确、量刑恰当。定罪量刑必须严格按照刑法基本原则和犯罪构成原理办事，做到罪责相称，罪刑相适应。行刑公正，主要表现在犯罪人的行刑处遇上，对于所有受刑人平等对待，尊重罪犯的人格，维护罪犯的合法正当的权利，掌握法律规定的减刑、假释的条件标准也应体现平等。司法机关应严格执行有关减刑、假释案件的程序规定，抓住减刑、假释、暂予监外执行运行中的关键节点，坚持阳光司法，以公开促进公正。在刑法公正的三个类型中，刑事立法公正是基础，具有前置意义，而裁判公正和行刑公正则起到保障刑事立法公正实现的作用。由于在犯罪与刑罚的关系中公正具有极为重要的意义，公正理念才被称为刑法的实质性价值。我国有学者认为，在刑法中存在两种公正：按照已然之罪确立刑罚，即报应，相当于按劳分配，是一种平均之公正。按照未然之罪确定刑罚，即预防，相当于按需分配，是一种分配之公正。报应与预防都体现了某种公正性，报应是个人的公正性，预防是社会的公正性，两者应该是统一而不是相互排斥的。① 这一观点较好地阐明了刑法的公正价值与刑罚目的的关系。

公正在不同的领域，由于着眼点不同，会体现出各具特点的具体内容。“刑法公正是公正体系中最为重要的组成部分，一方面刑法是否公正，关系到公民的生命、健康、自由、财产等权利的享有、使用和受保障的状态；另一方面，刑法公正是其它一切公正实现的最后一道防线和最后的保障力量。可以说，没有刑法公正的社会公正是残缺的、脆弱的。一个国家，一个社会，没有

① 参见陈兴良：《刑法哲学》，北京：中国政法大学出版社，1997 年，第 5—6 页。

刑法公正，则不可能存在真正的公正。”[①] 笔者认为，刑法公正从根本上说，就是公正在刑事立法和刑事司法活动中的体现，其具体内容主要表现在以下诸方面：（1）法外无罪、法外无刑。（2）罪刑关系合理。刑法的处罚范围与程度直接关系到一个公民的生命、身体、自由、财产，所以立法上做到罪责刑相适应以及刑法调控范围和刑法调控强度公正合理至关重要。（3）司法上的有罪必罚、罚当其罪。（4）彻底消除刑罚执行处遇上的歧视对待。由此可知，刑法的公正价值与刑罚目的具有密切的联系，刑法公正价值的实质内容也是国家通过制刑、量刑和行刑活动所希望追求的效果，刑罚惩罚犯罪、预防犯罪和保护法益的目的正是在刑法公正价值的追求中得到实现。但从严格意义上讲，刑罚目的与刑法公正价值亦存在一定差异，法律条文直接体现刑罚目的，而刑法价值一般是蕴含在法律条文之中。例如故意杀人的行为，依据我国刑法第 232 条规定，应处死刑、无期徒刑或者十年以上有期徒刑；情节较轻的，处三年以上十年以下有期徒刑。该法条规定体现的刑罚目的即是要对故意剥夺他人生命的行为处以刑罚，并以此实现预防杀人犯罪，保护公民生命权的目的。然而透过这条规定，我们会发现它所隐含的刑法价值则是对于公正的实现。[②] 刑法公正最终体现为法益的均衡保护和刑罚的公平，刑法对法益的保护主要是通过公平地惩罚侵犯法益的犯罪行为而遏制类似行为的发生来实现的。

（二）罪刑关系的人本性

法律是调整社会关系的，刑法也不例外，而社会关系的主体是人。因此，刑法必须以人为本，注重人权保障，这是法的人文

① 陈正云：《刑法的精神》，北京：中国方正出版社，1999 年，第 83 页。

② 参见康均心：《刑法价值界说》，载《法学评论》，1996 年第 6 期。

关怀的实质蕴含。刑法虽然是以惩治犯罪为内容的，但犯罪是一种人的行为。可以说，刑法是以特定的人——犯罪人为调整对象的，更何况刑法涉及对一个人的生杀予夺，因而对其人文关怀尤为重要。刑法是一种公法，公法主要涉及国家与私人之间的关系，实际上就是国家权力与个人权利之间的关系。在刑法构造中，如何处理国家与个人的关系始终是决定刑法性质的一个重要问题。在法治建构中的国家，绝不是一种无所不在的“利维坦”，而是被严格限制在一定范围内活动的政治实体，国家存在的根本目的就在于使公民享有最大限度的个人自由与权利。因此，人权是法治国的内在精神，法治永远都是人权实现的不可或缺的支点。在刑事法治中，人权同样具有重要意义。可以说，人权保障是刑法最基本的价值之一。法治国的刑法文化，就应具有人文关怀，要以人为本。[①] 笔者认为，罪刑关系的人本性就是建构一种奠基于人文关怀之上的刑法规范。具体言之，就是在罪刑关系的构造中充分体现惩罚犯罪与人权保障关系的协调，并能最大限度地保障人们在现实的社会关系中行使自由权利进行社会活动。

国家行使刑罚权，从具体角度来说，也就是当发生具体的犯罪时，国家就可以处罚具体犯罪人。在法律体系中，刑法的强制性最为明显，它是其他法律的制裁力量。刑法涉及对公民生命、自由和财产等限制和剥夺，其存在的必要性在于保护社会，使社会免遭犯罪的侵害，因而惩罚犯罪彰显的是刑法保护社会的功能，而人权保障则是在刑法的另一重要功能——保障功能中获得体现。由此而论，惩罚犯罪与人权保障的关系实质上体现的就是刑法保护功能和刑法保障功能的关系。

---

① 参见陈兴良：《21世纪刑法学展望》，载京师刑事法治网，http：//criminallawbnu. cn。

1. 刑法功能与惩罚犯罪、人权保障

刑法的功能，也称为刑法的机能，是指刑法可能发挥的功效或作用。刑法的功能与刑罚的功能既有联系又有区别。刑罚是刑法用以惩罚和预防犯罪的一种制裁手段，刑罚所具有的功能无疑是刑法功能的重要方面，但是刑法功能却不限于刑罚功能。关于刑法功能问题，有许多不尽相同的观点。日本学者奈良俊夫认为，刑法具有四个机能，即规制的机能；法益保护机能；人权保障机能；秩序维持机能。[①] 现代刑法理论一般认为，刑法具有规制功能、保护功能和保障功能。刑法的规制功能也称为刑法的规律功能，是刑法对犯罪、刑罚以及两者的相应关系作出明确规定，从而对公民的行为进行规范、制约。其具体内容是，刑法将一定的行为规定为犯罪并给予刑罚处罚，表明该行为在法律上是无价值的，同时命令行为人作出不实施这种犯罪行为的内心意思决定。刑法的保护功能是指刑法具有保护国家、社会和个人权利和利益免遭犯罪侵害的作用，因为刑法规范对一切侵犯或危害国家、社会或个人利益的犯罪行为都规定了相应的刑事责任。刑法的保障功能是指通过罪刑法定限制国家刑罚权的行使，使一般人或被指控为犯罪的人免受刑罚权的恣意行使的侵害，从而起到保障人权的功能。现代刑法的上述三大功能中，规制功能是刑法本体论意义上的刑法功能，保护功能和保障功能则是从刑法价值论意义上说的刑法功能。其中，保护国家、社会和个人免遭犯罪侵害的功能是刑法的基础功能。保障人权功能是在罪刑法定原则的基础上衍生出的刑法功能，其实质是对国家刑罚权行使的制约。尽管刑法保障功能产生的历史比起自刑法产生即具有的保护功能要晚得多，但在近现代法治国家，保障功能是和保护功能并列的

① 参见［日］奈良俊夫：《概说刑法总论》，日本：芦書房，1989年，第5页以下。

刑法基本功能之一。[1]

刑法保护功能的发挥是通过国家建构罪刑规范，对犯罪实施惩罚实现的。惩罚犯罪即是通过刑罚对犯罪人造成一定的痛苦，剥夺其一定的权利与利益，并以此实现刑罚公正惩罚犯罪的目的。而惩罚犯罪又是为遏制、预防犯罪创造条件并进而实现保护各种合法权益的最终目标。美国学者 W. R. 拉斐夫认为，刑法的主要目的当然是，使人们去做社会上认为合乎需要的事情和制止人们去做社会上不合乎需要的事情。由于刑法的制定是从有损于社会的行为给予制裁方面来考虑的，因此刑法着重的是要防止不合乎社会需要的行为。一般来说，刑法提供各种保护，使各种社会利益免遭侵害，是构成刑法典中各种犯罪分类的基础：保护人身免受侵害，保护财产不受毁损和丧失，保护名誉不受损害，防止性方面不道德行为，保护政府不受侵害或被推翻，保护司法审判工作不受干预，保护公众健康、保护公众和平生活和社会秩序，以及保护其他利益等。[2] 需要指出的是，刑法保护功能的发挥和刑罚公正惩罚犯罪目的的实现是紧密相连的，刑法保护功能和刑罚惩罚犯罪的目的实现的程度和效果不在于国家对犯罪的打击，惩罚的强化，而在于实现刑罚权的正义性和合目的性。申言之，国家发动刑罚惩罚犯罪，实现刑法保护功能应体现出公平价值和效益价值的统一。建构合理的罪刑关系是国家正确行使刑罚权的前提，国家刑罚权的行使是否准确、公平、及时、有效，对于最大限度地保护国家、社会和个人的利益至关重要。

人权保障作为刑法功能，在与社会保护相对应的意义上，其

① 参见陈兴良主编：《刑事法评论》（第 1 卷），北京：中国政法大学出版社，1997 年，第 103 页。

② 参见《外国刑法研究资料》（第三辑），北京：北京政法学院刑法教研室，1982 年，第 84 页。

实质内容在于以一定的行为造成犯罪并给予刑罚惩罚的方式，来限制国家对刑罚权的发动或利用，在保障一般公民权利的同时，也保障犯罪人权利。德国学者拉德布鲁赫在论述刑法两大机能时指出："自从刑法存在、国家代替受害人实行报复时开始，国家就承担着双重责任：正如国家在采取任何行为时，不仅要为社会利益反对犯罪，也要保护犯罪人不受受害人的报复。现代刑法同样不只反对犯罪人，也保护犯罪人，它的目的不仅在于设立国家刑罚权力，同时也要限制这一权力，它不只是可罚性的原因，也是它的界限，因此表现出悖论性：刑罚不仅要面对犯罪人保护国家，也是面对国家保护犯罪人，不但面对犯罪人，也要面对检察官保护市民，成为公民反对司法专横和错误的大宪章（李斯特语）。"① 法律应是理性且公正的，任何人的合法权益都应当受到法律的保护，国家是一切合法权益的当然保护者，国家行使对违法犯罪人的惩罚权，是建构法治秩序的需要。我们在强化保护国家、社会利益的同时，绝不可置一般公民个人或犯罪人应有的合法权益于不顾，否则法律将失去其应有的客观性和公正性，也将会失去其存在的基础。

2. 惩罚犯罪与人权保障关系的协调

在任何一个法治社会，惩罚犯罪与人权保障都应当相互协调，从而在更大程度上实现刑法的功能。我国刑罚目的的建构与实现，应以其既能准确地实现国家刑罚权又能有效地保障人权作为最理想的追求。"从总体上说，惩罚犯罪就是为了保障人权，保障人权也是为了正确惩罚犯罪，两者的目的是一致的。但在某些场合却存在着矛盾。"② 在刑法意义上，国家为了保护社会，

---

① ［德］拉德布鲁赫：《法学导论》，北京：中国大百科全书出版社，1993 年，第 141 页。

② 徐益初：《刑事诉讼与人权保障》，载《法学研究》，1996 年第 2 期。

就有必要设置刑罚，也就是说，社会要处罚犯罪，否则难以生存。但是，由于刑罚处罚的这样一种明确的目的性和它凌驾于社会个体之上的强势使我们在现实生活中，在主观愿望上对刑罚寄予了更大期望的同时，也心存恐惧，因为刑罚本身还潜在侵犯人权的危险。为此，我国刑诉法学界有学者提出惩罚犯罪与保障人权均衡论，其中保障人权包括：（1）保护一般公民的合法权益；（2）保障无罪的人不受刑事追求；（3）保护所有诉讼参与人的权利；（4）使有罪的人受到公正的惩罚。[①] 笔者认为，我国刑法保护功能强调的是刑法保护国家、社会和公民个人免遭犯罪侵犯的作用，而刑法保障功能关注的则是防止社会成员尤其是犯罪嫌疑人、被告人免遭国家刑罚权的不当行使的侵犯。

人的生命、安全和自由是最基本的人权。这些权利得不到有效保障，其他权利也就无从谈起。对这些基本人权的侵犯，主要来自两个方面：另一方面来自个人的暴力；一方面来自国家组织的非法暴力。[②] 前者主要是指犯罪行为，因此，在这一意义上说，对于犯罪的惩罚正是法律保障人权的措施之一。后者主要是立法恣意和司法权的专横和滥用而产生的司法侵害。现实社会中，对立法恣意的防范或立法权的限制较为容易，而对司法权的专横和滥用的监控却是难度较大的问题。究其原因，除了诉讼制度存在的缺陷以外，现代诉讼精神和理念的缺位也是其中一个重要原因。毋庸讳言，我国司法实务中，刑讯逼供行为在一些地方仍较普遍存在甚至比较严重。刑讯逼供造成冤假错案频频发生，这一现象从根本上说，与一个社会的人权保障制度和司法制度的精神不无关系。长期以来，我国刑事司法制度和刑事政策是以维

① 参见陈光中、严端主编：《〈中华人民共和国刑事诉讼法〉修改建议稿与论政》，北京：中国方正出版社，1995 年，第 82 页以下。

② 参见蔡定剑：《冤假错案与人权保护》，载《法学》，2000 年第 4 期。

护社会治安为中心，注重社会而轻视个人，忽视了对公民人权的保障。表现在刑法功能上，就是强调刑法的社会保护功能，至少是未将人权保障功能放在与社会保护功能同等重要的位置上。这种制度的潜在意识是：以维护社会利益为出发点，为了无遗漏的查获犯罪人而不使其逍遥法外，宁可错抓、错捕、错判，也不错放。诚然，司法机关在处理惩罚犯罪和保障人权上有时会陷入两难境地。对此丹麦诉讼法学家伊娃·史密娃曾作过精辟的论述："一方面，社会希望减少犯罪，另一方面，又希望维持公民的最大程度的法律安全，这两者是矛盾的。目的在于保护无辜者的规章必然会被犯罪分子滥用。因此，人们必然在有效地减少犯罪和广泛保护个人之间作出选择。不管人们是选择前者还是选择后者，有一个结论是不可避免的，那就是这种选择要求付出不愉快的代价。"① 的确，司法实务中，放过一个坏人和冤枉一个好人都是这种"不愉快代价"的付出。"如果从人权、人的生命和自由的价值的角度看，错案是一个都不应该允许发生的。对一个法院、一个社会来说，办一个错案、一百个错案，在所有案件的百分比中可能不算大，但对每一个公民个体来说，错误对他来说就是百分之百。"② 如果社会不尊重公民个人最基本的人权，就会使社会广大公民的基本人权时刻处于危险之中。在刑事诉讼领域，刑法保障人权的重点在于保护犯罪嫌疑人、刑事被告人的权利和利益。正是在此意义上，笔者认为刑事诉讼中保障犯罪嫌疑人、被告人的人权实际上就是保障全体社会成员的人权。我国学者何家弘先生在分析比较"错放"与"错判"的危害时认为，人们在比较"错放"与"错判"的危害大小时犯了一个计算错

---

① 转引自龙宗智：《相对合理主义》，北京：中国政法大学出版社，1999 年，第 37 页。

② 蔡定剑：《冤假错案与人权保护》，载《法学》，2000 年第 4 期。

误。实际上，“错放”只是一个错误，而“错判”可能是两个错误。“错放”可能放错了一个罪犯，而“错判”不但放纵了一个真正的罪犯，还错误的处罚了一个无辜者，可见，“错判”的危害性已经大大超过“错放”的危害性。[①] 强调惩罚犯罪与人权保障关系的协调，还应处理好从重从快打击严重刑事犯罪活动即“严打”与保障人权的关系。“严打”是我国现阶段刑事政策的具体运用，是维护社会治安的一项重要对策。但是如果“严打”使用不当，必将造成滥用法律、侵犯人权的严重后果。因此，处理好“严打”与保障人权的关系至关重要，这也是贯彻宽严相济刑事政策的基本要求。一方面要强调在“严打”犯罪的过程中，切实贯彻刑法保障人权的精神；另一方面，要强调人权保障在“严打”中的规范作用。司法工作人员不仅要在观念层次上树立起浓厚的人权保障意识，而且要把人权保障作为一个重要的价值目标，使“严打”真正做到严之有据，严之有度。[②] 根据法治国家的基本原理，刑事立法和司法制度的宗旨必须放在惩罚犯罪与保障人权的并重上。因为，刑事法律活动的根本目的就是保护公民权利和国家、社会的利益。笔者认为，立法者在创制一项刑事法律制度时既要考虑国家、社会利益的保护，也要考虑不侵犯一般公民和犯罪人的合法权益。要使公正惩罚犯罪的刑罚目的最大限度地得到实现，人权也得到最大限度的保护，就应当切实做到：刑事立法、刑事司法和行刑公正。三个公正的核心即是在司法实践中确保每一个受刑事指控者都享受公正审判权。正如《世界人权宣言》第10条的规定：“人人完全平等地有权有一个独立而无偏袒的法庭进行公正和公开的审判，已确定他的权利和

① 参见何家弘：《司法公正论》，载《中国法学》，1999年第2期。

② 参见张旭：《“严打”：必须处理好四个关系》，载《法制与社会发展》，2001年第6期。

义务并判定对他提出的任何刑事指控。”远离人文关怀的刑法规范只能使公平审判权成为一座“空中楼阁”。

（三）罪刑关系的明确性

罪刑关系的明确性是指规定罪刑关系的法律条文必须清楚明确，使人准确地确定犯罪行为的范围，了解犯罪行为的内容与刑罚的对应关系。“刑法关于犯罪的规定应当能够包括同类危害行为的这种表现形式，力求避免刑法在禁止一种危害行为的同时，使性质相同、危害程度相当的类似行为不在禁止之列；刑法关于刑罚轻重的规定应当能够与犯罪的程度相对应，力求避免在按照同一价值标准判断时危害较大的行为受到较轻的处罚而危害较小的行为受到较重的处罚。”① 罪刑关系的明确性是罪刑法定原则和罪责刑相适应原则的必然要求。一方面，罪刑法定原则要求法无明文规定不为罪，所有犯罪都应当由法律来明确规定，没有规定为犯罪的行为，就不能作为犯罪来追究。这就要求罪刑关系的规定应当具有明确性、严密性，尽可能包罗所有的犯罪。如果社会上存在许多严重危害社会应当用刑罚来制裁的行为但却没有在罪刑规范中予以规定，或者罪刑关系之规定不甚明确，罪刑法定原则贯彻的现实意义就会大打折扣。另一方面，罪责刑相适应原则要求，对每一种犯罪配置的法定刑应当与这种犯罪的法益侵害性及程度相适应，法定刑的种类与幅度与类型化的犯罪情形具有对应性。

在传统意义上，罪刑规范是作为犯罪构成的犯罪与作为法律后果的法定刑连接在一起的刑事法律规范的综合。而在现代社会，罪刑规范则是规定犯罪及其法定刑罚的法律规范的总和，或者更精确而具体地说，罪刑规范就是规定犯罪（罪状）及其法

① 张智辉：《刑法改革的价值取向》，载《中国法学》，2002年第6期。

律后果（法定刑）之间关系的法律规范。作为一部刑法典之核心内容的罪刑关系规范所具有的重要功能要求其具有明确性。首先，罪刑关系规范是一种禁止规范。罪刑规范一般采用“实施什么行为，处什么刑罚”的表述来规定犯罪和法定刑的关系。一般认为，前半部分为法律要件，表明成立犯罪的条件，后半部分为法律后果，限定刑罚的种类和幅度。罪刑关系规范通过对犯罪构成的类型化设计以及法定刑的规定界定了特定的禁止规范之内容，即只有当现实中发生了符合抽象的假定的构成要件的行为的时候，才通过裁判来现实地发动刑罚。其次，作为裁判规范，罪刑关系规范一方面命令法官对符合假定的构成要件的行为判处刑罚并对此赋予正当性，另一方面又限制法官只要不存在符合假定的构成要件的行为，则不得发动刑罚权。再次，罪刑关系规范又是一种行为规范，其中又可分为评价规范和意思决定规范。前者是指从罪刑关系的视角判断某个行为是否具有犯罪的危害性、法律上是否应当受到刑事追究的规范，即一个行为是否成罪应当根据罪刑规范进行评价，因而罪刑关系规范是评价规范。后者是指罪刑规范命令公民在实施行为时作出服从刑法的意思决定。罪刑关系规范作为行为规范，一方面对公民的行为提出了符合法秩序的义务，罪刑规范对公民提出最基本的行为要求，违反这些最基本的义务和要求，则将招致刑事制裁的法律后果；另一方面又为公民提供了法安全的保障，只要根据罪刑规范的禁止性要求，不实施符合构成要件的行为，就可以获得法律上的自由和安全，国家就不得滥用刑法干预其行为。最后，罪刑关系规范是国家发动和行使刑罚权的法律依据，通过发动和行使刑罚权这样一种国家公共权力，国家借以惩罚犯罪，实现公平正义，建立法秩序。现代法治国家的罪刑关系规范一方面通过对特定行为的禁止和惩罚，规定和约束全体国民的行为，并为国家行使刑罚权惩罚犯罪提供法律依据，从而发挥其法益保护、秩序维持的功能；另一方面又通过罪刑关系规范表述的罪状和设置的法定刑，规制国家刑罚权的行使，保障国民不受法外入罪和法外量刑之侵害，从而发挥其人权保障的功能。[①] 罪刑关系规范不仅肩负着保护法益与人权保障的双重规范功能，而且要确保国家刑罚权的合法性、适当性和有效性，因此，提倡并贯彻罪刑关系的明确性对于实现刑事法治无疑具有重大的现实意义。

罪刑关系的明确性要求，不能用含混不清、容易引起歧义的语言来表述罪刑关系。需要特别指出的是，一方面，罪刑关系的明确性总是与具体化相联系，只有具体的规定才是明确的。另一方面，越是具体的规定，其所包含的内容就越少，其所涵盖的范围就越小，也就越容易遗漏类似的内容。罪刑关系的规定既应明确又要严密，这是毋庸置疑的，问题的关键是如何在罪刑规范的明确性与严密性之间保持必要的平衡。有学者认为，解决刑法的严密性与刑法的明确性要求之间矛盾的关键，是在犯罪构成的事实要件中删除不影响行为的危害程度和罪过形式的描述性、枝节性规定，突出犯罪行为的类型性特征。刑法中规定的犯罪应当是类型化了的犯罪行为，它应当是对同一类型的行为所具有能够决定行为危害社会的本质及其程度的事实特征的高度概括性规定。如我国刑法第 282 条规定："以窃取、刺探、收买方法，非法获取国家秘密的，处 3 年以下有期徒刑、拘役、管制或者剥夺政治权利；情节严重的，处 3 年以上 7 年以下有期徒刑。"按照这种规定，以抢劫、抢夺、诈骗等方法，非法获取国家秘密的，就不能构成非法获取国家秘密罪。这种规定显然是不严谨的。如果在该条规定中，去掉关于行为方法的要素，不仅丝毫不影响该条立法在本意上想要惩罚的犯罪行为，而且可以将具有同样危害性的

① 参见梁根林：《刑事法网：扩张与限缩》，北京：法律出版社，2005 年，第 1—2 页。

同类行为包括在内。又如刑法第 167 条规定：“国有公司、企业、事业单位直接负责的主管人员，在签订、履行合同过程中，因严重不负责任被诈骗，致使国家利益遭受重大损失的，处 3 年以下有期徒刑或者拘役；致使国家利益遭受特别重大损失的，处 3 年以上 7 年以下有期徒刑。”第 406 条又规定：“国家机关工作人员在签订、履行合同过程中，因严重不负责任被诈骗，致使国家利益遭受重大损失的，处 3 年以下有期徒刑或者拘役；致使国家利益遭受特别重大损失的，处 3 年以上 7 年以下有期徒刑。”按照这两个条文的规定，在签订、履行合同过程中致使国家利益遭受重大损失的，只有国家机关工作人员和国有公司、企业、事业单位直接负责的主管人员才能构成犯罪，并且只有因严重不负责任被诈骗的，才能构成犯罪。那么，在这类案件中，国家机关临时雇佣人员、委托代理人以及公司、企业、事业单位的非主管人员，在签订、履行合同过程中致使国家利益遭受重大损失的，不能构成犯罪的原因是什么？国家机关工作人员和国有公司、企业、事业单位直接负责的主管人员如果不是因为不负责任被骗，而是故意签订、履行使国家利益遭受重大损失的合同，为何不能构成犯罪？如此规定的合理性何在？如果将这两个条文合并为一条，同时去掉关于主体的限制，并把“因严重不负责任被诈骗，致使国家利益遭受重大损失”修改为“失职致使国家利益遭受重大损失”，不仅可以简化刑法条文和用语，而且可以使“签订、履行合同失职罪”的犯罪构成更具类型化，更有法律条文所应有的概括性。通过对犯罪行为在事实要素方面的类型特征的概括性规定，使刑法中对每种犯罪所规定的构成要件只是决定同类行为的危害性及其程度的事实特征，而不包括与行为的危害性及其程度无关的事实特征，就可以达到对犯罪行为类型化的目的。类型化的规定，既能反映同类危害行为的共同本质，能够使人们据以认识和判断行为的同质性，又能避免因构成要件过于具体而导致的挂一漏万，使刑法对犯罪构成要件的规定在不违背明确性原则的前提下具有较大的容量，能够包括同一类型的所有危害行为，达到法网的严密性。① 以上观点是可取的，笔者认为，只有在法网严密的规范设置中追求罪刑关系的明确性，才能最大限度地实现刑罚保护法益的目的。但同时，也应认为，罪刑规范的严密性和明确性都只是一种相对的要求，欲求罪刑规范包罗无遗地规定所有的具有可罚性的危害行为只是一种幻想，追求罪刑规范明确到毋需解释的程度也只是一种理想。“对法律的明确性的要求也不能过分，一种华而不实的明确性可能比老老实实的含糊不清还要有害。”②

（四）罪刑关系的系统性

刑法的内容包括总则和分则。总则规定犯罪之一般成立要件，并揭示关于罪刑共通适用之原理。分则规定各种犯罪之特别成立要件，并厘定关于各罪所附刑罚之种类及范围。从法律规范作用所处地位观之，刑法分则规范即是表述罪刑关系的法律规范。罪刑关系的系统性是指表述罪刑关系的刑法分则规范应是一个条理明晰，脉络贯通，并充分表现罪刑对应关系的完整的整体，其内容构成层次性之统一。

我国现行刑法分则作为对罪刑关系的完整表达，也是一个多层次的完整系统。对犯罪的分类及排列次序构成了刑法分则体系，刑法分则条文通常由罪状与法定刑构成。罪状是刑法分则规范对犯罪具体状况的描述，表明适用该罪刑规范的条件。罪状可分为基本罪状和加重、减轻罪状。其中，基本罪状是对具体犯罪

① 张智辉：《刑法改革的价值取向》，载《中国法学》，2002 年第 6 期。

② 吕世伦主编：《当代西方理论法学研究》，北京：中国人民大学出版社，1997 年，第 245 页。

构成特征的描述，加重、减轻罪状是对加重或减轻法定刑的适用条件的描述。一般认为，罪刑关系规范对基本罪状的描述方式分为四种情况，即简单罪状、叙明罪状、引证罪状和参见罪状（空白罪状）。与罪名和罪状相同，法定刑亦是罪刑规范系统中的重要内容。所谓法定刑，是指罪刑关系规范中对各种具体犯罪所规定的刑罚种类和刑罚幅度。罪刑关系规范中的法定刑，是依照刑法分则规范对刑罚种类及刑罚幅度的规定，根据具体犯罪的法益侵害性而确定的刑种和刑度。罪刑规范系统中，一个法定刑中既可能只有一个刑种，也可能包括几个刑种，有的罪刑规范即是规定了两种以上主刑或者规定两种以上主刑并规定附加刑。作为应对犯罪的手段，我国刑罚配置可谓是一套“组合拳”。

正因为罪刑关系是一个多层次的整体，所以作为对罪刑关系的完整描述的罪刑关系规范是一个多层次的完整系统。因此我们在理解、建构和完善罪刑关系规范的时候，必须把它当作一个统一的整体。既要避免罪名和罪状的不科学的描述，更要追求罪刑关系的公正、合理性以及类罪、个罪等罪刑关系规范的内部之协调。

（五）罪刑关系的科学性

罪刑关系是否具有科学性，是直接关涉到刑法功能的发挥、刑法任务和刑罚目的能否实现的重大问题。笔者认为，不具有公平性、人本性、明确性及系统性的罪刑关系，其科学性的缺失自不待言。罪刑关系的科学性除包括前文已述的罪刑关系规范应具有公平性、人本性、系统性之外，下面两方面内容对于考量罪刑关系是否具有科学性是非常重要的。

1. 刑事处罚范围的合理性

罪刑关系的明确性，首先意味着刑事处罚范围（犯罪圈的设定）具有合理性。刑事处罚范围的合理性具体包括两方面内容：出罪与入罪。应当作为犯罪追究的行为未规定为犯罪显然不利于刑法充分保护法益，如果刑事法律处罚了不当刑罚的行为，则有害于国民的权益保障。一方面，罪刑关系规范中关于犯罪的规定应当能够包括同类法益侵害行为的各种表现形式，力求避免刑法在禁止一种危害法益行为的同时，使罪质相同、法益侵害程度相当的类似行为不在禁止之列。另一方面，“刑法不可能理会琐细之事。就刑法特征而言，刑法所规定的刑罚这一法律后果，在具有积极作用的同时，也存在明显的消极作用，如果适用范围过宽，则不仅削弱刑罚的积极效果，反而有害于国家与国民。”①

合理界定刑事处罚的范围，关键在于确定刑罚处罚的标准。应当认为，具有下列条件的行为才能作为犯罪论处：（1）这种行为不管从哪个角度而言，对法益的侵害性都非常严重，而且绝大多数人不能容忍，并主张以刑法进行规制；（2）适用其他制裁方法不足以抑制这种行为，不足以保护法益；（3）运用刑法处罚这种行为，不会导致禁止对社会有利的行为，不会使国民的自由受到不合理的限制；（4）对这种行为能够在刑法上进行客观的认定和公平的处理；（5）运用刑法处罚这种行为能够获得预防或抑制该行为的效果。② 从较为具体的层面而言，以下几点特别值得注意：（1）对于国民行使宪法权利的行为，不要仅因违反程序规定便以犯罪论处；只有在不当行使权利的行为对法益的侵害非常严重或高度危险时，才宜以犯罪论处，否则必然违反宪法精神。（2）对于没有具体被害人的不法行为以及自己是被害人的行为，不能轻易确定为犯罪。（3）对于历史形成的社会秩序范围内的，得到了国民的容忍或者认可的行为，即使由于社

① 张明楷：《刑法学》，北京：法律出版社，2003 年，第 63 页。

② 参见张明楷：《刑法的基础观念》，北京：中国检察出版社，1995 年，第 145 页以下。

会发展变迁使得该行为具有侵害法益的性质，也不宜轻易规定为犯罪。（4）对于极其稀罕的行为，即使危害程度较为严重，也没有必要规定为犯罪。因为法律是普遍适用的规范，故不得以稀罕之事为据制定法律。[①] 一言以蔽之，设定刑罚处罚范围，既应考虑行为的法益侵害程度，也要体现刑罚的最后手段性的要求。

2. 法定刑设置的适当性

法定刑设置的适当性是罪刑关系科学性的另一重要方面。国家对具体犯罪设置适当的法定刑，实际上是从刑事立法上践行刑法的三大基本原则。对于法定刑设置的适当性，笔者拟从下面两方面予以说明。

（1）刑称其罪

法定刑反映出国家对犯罪法益侵害性的评价。具体犯罪法定刑的设定，包括刑种的选择和法定刑幅度的确立，应以该犯罪在通常情况下所可能表现出的社会危害性程度的高低为基准。重罪刑亦重，轻罪刑亦轻，刑应称其罪。罪刑关系规范关于法定刑轻重的设定应当能够与犯罪侵害的法益性质、犯罪的情节相对应，力求避免在按照同一价值标准估量刑法禁止的各种犯罪的危害性时，危害较大的犯罪受到较轻的处罚而危害较小的犯罪受到较重的处罚。

刑称其罪，是指对于犯罪人判处刑罚的轻重，应当与其所犯罪行相均衡。其基本要求，就是罪刑相称，罚当其罪。刑称其罪所揭示的是犯罪与刑罚两大实体范畴之间的关系。现代意义上的罪刑均衡、罚必当罪的思想产生于西方资产阶级国家，而后为世界各国所接受。古代刑法早期曾实行的侵害行为与惩罚之间具有一种对等性的“同态复仇”原则即蕴含着罪刑相当的观念。刑称其罪的思想古已有之，我国古代思想家墨子主张“罚必当

① 参见张明楷：《刑法学》，北京：法律出版社，2003 年，第 64 页。

暴”，荀况则更进一步指出了“刑称罪则治，不称罪则乱”的道理。资产阶级启蒙思想家极力倡导罪刑相当、罚必当罪的观念。孟德斯鸠指出：“刑应有程度之分，按罪大小，定刑罚轻重。”① 他还主张：“刑罚的轻重要有协调，这是很重要的，因为我们防止大罪应该多于防止小罪，防止破坏社会的犯罪应该多于防止对社会危害较小的犯罪。”② 贝卡利亚、边沁、康德、黑格尔等人均明确提出并系统论述了罪刑相当、罚必当罪的原则。

刑称其罪是罪责刑相适应的基本原则的具体化。我国现行刑法总则和分则的条文充分体现了刑称其罪的要求。首先，为了保护对犯罪人正确量刑即罪刑相当原则的实现，我国刑法第 61 条至第 63 条对量刑基准作了具体规定。其次，以罚必当罪为依据，根据各种犯罪形态的社会危害性程度不同，规定了轻重有别的处罚原则，例如，防卫过当、避险过当应当减轻或免除处罚；预备犯可以比照既遂犯从轻、减轻处罚或免除处罚；中止犯没有造成损害的，应当免除处罚；造成损害的，应当减轻处罚，等等。最后，在刑法分则中，以罪刑相当为依据，建立了刑法分则的科学体系，规定了与不同犯罪相适应的刑罚种类与刑罚幅度。刑法分则各种犯罪的排列，基本上是按照犯罪社会危害性的大小即罪刑的轻重排列的。对于具体犯罪，也依据罪刑相当的原则，对一般情节的罪行规定了较轻的法定刑，对情节严重的罪行规定了较重的法定刑。罪刑相当量刑原则具有促成刑罚目的实现的意义。公平合理的刑罚，可以使犯罪人感到罪有应得，进而认罪服判，同时也可以使一般人对刑罚产生应有的尊重并对司法机关产生信赖，使刑罚的设置和刑罚的运用树立应有的威信和公信力，进而

---

① ［法］孟德斯鸠：《波斯人信札》，北京：商务印书馆，1962 年，第 141 页。

② ［法］孟德斯鸠：《论法的精神》（上册），北京：商务印书馆，1961 年，第 91 页。

可使人们不去实施犯罪行为。

（2）刑罚必要

刑罚必要，是指对犯罪人判处的刑罚应当为惩罚和预防犯罪所必需。首先刑罚必要体现了正义性和目的性的要求。刑罚与犯罪的社会危害性相适应，只是符合了公正惩罚犯罪的正义性要求，还不等于同时符合预防犯罪的目的性要求。如果没有预防犯罪的必要，判处刑罚就是多余的。即一方面应在与犯罪的客观危害相适应的范围内设置刑罚，另一方面也要在遏制、预防犯罪的必要限度内科处刑罚。边沁说："刑罚的严厉程度应该只为实现其目标而绝对必需。所有超过于此的刑罚不仅是过分的恶，而且会制造大量的阻碍公正目标实现的坎坷。"[①] 其次，刑罚必要性体现了刑罚效益的要求。刑罚必要主张应该以尽可能少的刑罚量实现最大的刑罚效益。正如我国学者所认为，刑罚必要的核心是强调刑罚的有效率地使用。它要求必须保持最低限度的刑罚量的投入，反对脱离犯罪行为的社会危害性和犯罪人的人身危险性而盲目追随轻刑化的国际潮流；同时又严格限制刑罚的超量投入，反对违背社会公正的价值准则，片面追求重刑的威吓和恐怖效果，因而与罪刑相当原则具有内在的一致性，也可以说是罪责刑相适应原则的派生原则。同时，它又以刑罚成本的最小化和刑罚效益的最大化为追求目标，主张以符合社会正义理念的尽可能少和轻的刑罚投入取得最佳化和最大化的刑罚效益，因而又与刑罚的经济性相契合。[②] 最后，刑罚必要是刑法谦抑思想在量刑上的延伸和展开。根据刑法的谦抑思想，刑法作为国家控制社会秩序，调整社会利益和阻却社会危害行为的最后一道屏障，刑法只

① ［英］边沁：《立法理论——刑法典原理》，北京：中国人民公安大学出版社，1993 年，第 78 页。

② 参见梁根林：《刑罚结构论》，北京：北京大学出版社，1998 年，第 266 页。

能是保护法益的最后限阈。同时，刑法具有不完整性（即刑法不能介入国民生活的每个角落）和宽容性。因此，作为体现刑法严厉性、强制性和权威性并作为犯罪的法律后果的刑罚的设立和使用应该是谨慎的。

贝卡利亚从有效地预防和制止犯罪出发，在提出并论证了刑罚与犯罪相对称原则的同时，也阐释了刑罚必需的思想。贝卡利亚指出，人们根据社会契约让度出一部分最小的自由权是为了使自己得到更多的保护。“这一份最小量自由的结晶形成惩罚权。一切额外的东西都是擅权，而不是公正，是杜撰而不是权利，如果刑罚超过了保护集存的公共利益这一需要，它本质上就是不公正的。”[①] 他还指出：“超越法律限度的刑罚就不再是一种正义的刑罚。”[②] “为了不使刑罚成为某人或某些人对其他公民施加的暴行，从本质上来说，刑罚应该是公开的、及时的、必需的、在既定条件下尽量轻微的、同犯罪相对称的并由法律规定的。”[③] 笔者认为，刑罚必需思想的彰显和贯彻，不仅体现了公平、正义观和目的性，也体现了刑罚效果的要求和刑罚谦抑性思想。虽然前述刑称其罪亦体现了刑罚必要的旨趣，但刑罚必要在罪刑关系的建构中仍有其独特的内涵和独立的价值，其目的在于保证国家刑罚权的正确运用，更有效地实现刑罚公正惩罚犯罪、有效预防犯罪和最大限度地保护法益的刑罚目的。

需要提及的是，个罪中的罪刑均衡和犯罪之间的刑罚分配合理是符合法定刑设置适当性之要求的，而“刑罚攀比”则违背

---

① ［意］贝卡利亚：《论犯罪与刑罚》，北京：中国大百科全书出版社，1993年，第91页。

② ［意］贝卡利亚：《论犯罪与刑罚》，北京：中国大百科全书出版社，1993年，第11页。

③ ［意］贝卡利亚：《论犯罪与刑罚》，北京：中国大百科全书出版社，1993年，第109页。

了法定刑设置的适当性。例如，我国刑法第358条规定的组织卖淫罪的法定最低刑是5年以上有期徒刑，最高刑是死刑，由此观之，组织卖淫罪的惩罚比杀人罪还要重。这就使刑法分则第6章第8节组织、强迫、引诱、容留、介绍卖淫罪的其他犯罪都与组织卖淫罪竞相攀比法定刑。如第360条第2款规定嫖宿不满14周岁的幼女的，处5年以上有期徒刑，并处罚金。这一法定最低刑比杀人罪、强奸罪都高。这是立法者将强烈的情感色彩带进立法所造成的。[①] 卖淫嫖娼虽然是社会上的一种丑恶现象，在道德评价的层面，“万恶淫为首”之说也有其合理之处，但理性评判我国刑法对第6章第8节中规定的犯罪所设置的法定刑，确有重刑化之嫌。

罪刑关系的科学性之内涵除包括了以上述及的内容外，诸如罪名之法定、犯罪情节的细密化、法定刑的精确化等也是其题中应有之义，相关论点拟在后文中阐释。

四、罪刑关系建构的原则

法律原则有基本原则与具体原则之分，基本原则体现着法的本质和根本价值，是整个活动的指导思想和出发点，构成法律体系的灵魂，决定着法律的统一性和稳定性。具体原则是基本原则的具体化，构成某一法律领域或某类法律活动的指导思想和直接出发点。就整个刑事立法和刑事司法而言，也有基本原则和具体原则之分，基本原则是指那些贯穿全部刑法和刑事司法活动的具有宏观指导性的准则，而具体原则调整的范围就较微观。[②] 罪刑

---

① 参见周光权：《法定刑配置的合理性探讨》，载《法律科学》，1998年第4期。

② 参见谢玉童：《对量刑原则的再思考》，载《法律科学》，1997年第2期。

关系的设置是对所设定的犯罪确定具体的刑罚种类和幅度，它是在准确表述罪名、罪状（包括一些犯罪中的加重和减轻情节）的情况下而设置可供该罪适用时选择的刑种和刑度，是在科学估量具体犯罪的法益侵害性的基础上，配置适当的法定刑。笔者认为，建构合理的罪刑关系，须遵循法益保护优先性原则、罪刑均衡原则及罪刑关系明确性原则。下面对此三个原则分别阐述。

（一）法益保护优先性原则

法律将一定的行为设定为犯罪，这是因为这种行为具有法益侵害性，也就是说，该种行为已侵害或威胁了法律所保护的利益即法益。法益保护原则，说明刑法的目的是保护法益。解读法益保护原则的内容，概言之，即是强调刑法是对法益的维护。“与罪刑法定原则不同的是，法益保护原则是否应当成为刑法的基本原则，在外国刑法理论中是有争议的，这反映出学者对法与伦理的关系，以及由此带来的诸多问题的认识与理解上的差异。”①关于犯罪是侵害了法益还是违反了社会伦理，日本和德国的刑法学者对此曾有过激烈争论。法益保护和伦理维持的观点，也可以说是对违法性的认识不同。违法性是犯罪成立的条件之一，法益保护的观点认为，违法性是指法益的侵害或危险，即侵害或威胁了法益时才具有违法性。伦理维持的观点认为，违法性是指违反法规范。违反法规范说的真正特色是用违反道义秩序、违反文化规范与缺乏社会相当性来说明行为的违法性。持法益保护观点的学者主张结果无价值，即危害结果的发生是违法性的根据。法为保护个人的生活利益而存在，而不是为了伦理道德教育才制定。因此，只有法益产生侵害或危险时，法才开始干涉，而且是为了

① 赵秉志主编：《外国刑法原理》，北京：中国人民大学出版社，2000 年，第 26 页。

不再发生法益侵害与危险而干涉。在通常情况下，侵害法益的行为也会是违反社会伦理的，但违反社会伦理的行为不一定侵害法益，只有当出现了法益侵害或危险的事实时，才是违法的。[①]

笔者认同法益保护的观点，并认为法益保护体现着刑法的目的和根本价值，法益保护原则完全有资格成为刑事立法的基本原则。法益保护优先性的观念对罪刑关系的建构具有直接的指导意义，法益保护优先性原则是法益保护原则在建构罪刑关系中的贯彻，这一具体原则强调法定刑的配置应重视不法行为的内涵，法益的种类决定罪质，进而表明各种犯罪具有不同的危害程度。法益保护优先性原则体现罪刑关系的合理性要求，罪刑关系的建构是否公正、合理，主要应从三个方面考察。首先，是否以公正惩罚犯罪、有效预防犯罪以及最大限度地保护法益为依据建构罪刑关系。在法定刑的设置中，不能忽视惩罚犯罪的公正性和有效性，法益的性质、种类以及与刑罚的对应性认识，是从质的方面解决法定刑设置是否公正问题。其次，应准确分析法益侵害的程度，这是从量的方面考量法定刑设置是否公正。最后，应以法益的侵害性为基础对侵害不同法益及同种或相似法益的犯罪分配的刑罚应保持协调和衡平。

（二）罪刑均衡原则

犯罪是侵害法益的行为，而刑罚是保护法益的手段。罪刑均衡原则所揭示的正是犯罪与刑罚两大实体范畴之间的关系。罪刑关系的建构中应贯彻的罪刑均衡原则是我国罪责刑相适应的刑法基本原则的具体体现。罪刑均衡原则要求在罪刑关系规范的建构中，罪质与刑质、罪量与刑度应充分地表现出一种衡平关系。笔

① 参见张明楷：《外国刑法纲要》，北京：清华大学出版社，1999 年，第 33 页。

者在前文中已对罪刑均衡的蕴含有所论述，在此不予赘言。

我国刑事立法主要采用相对确定的法定刑。相对确定的法定刑，是指刑法分则条文对某种犯罪设置了相对具体的刑罚种类和刑罚幅度。在这一条件下，罪刑均衡原则对建构合理的罪刑关系提出了以下要求：首先，需要明确各类犯罪的法益侵害性的差异，按法律所欲保护法益价值的轻重关系，分别定位，区分犯罪对法益侵害的种类和程度；其次，准确估量具体犯罪对法益侵害可能达到的最高限度和最低限度；最后，需要针对不同的犯罪规定与其法益侵害性相适应的刑种和刑度。

（三）罪刑关系明确性原则

前文已对罪刑关系的明确性进行了阐释。明确性不仅是罪刑关系的重要特性，也是建构罪刑关系应遵循的原则。明确性原则是罪刑法定原则对建构罪刑关系的要求。明确性原则的含义是，在具体的罪刑关系规范中对什么行为是犯罪、犯罪的加重和减轻情节以及应处何种刑罚的规定，应当是明晰确定的，法律用语应当明确。孟德斯鸠曾提出："法律的用语，对每一个人要能够唤起同样的观念。"① 一部刑法典即使明确规定了罪刑法定原则，做到了罪之法定和刑之法定，但如果犯罪的构成要件和法定刑的规定内容不甚明确，无法保障国民对自己行为的预测可能性，也就不能达到保护国民自由和防止刑罚权恣意行使的罪刑法定主义的目的。

在美国，1910 年以来，已经出现认为不明确的刑罚法规违反正当程序条款的判例。这作为"明确性的理论"或"因不明确无效的理论"而被确立。20 世纪 60 年代以来，在日本一些学

① ［法］孟德斯鸠：《论法的精神》（上册），张雁深译，北京：商务印书馆，1982 年，第 297 页。

者也提出并论证了刑罚法规必须明确，不明确的罪刑规范违反宪法而认为无效的原则。明确性原则要求立法者必须具体地并且明确地规定罪刑关系规范，以便预先告知人们成为可罚对象的行为，使国民能够预测自己的行动，并限制法官适用刑罚的恣意性。否则，如果规定的罪刑关系规范含混不明，就不能达到上述目的，也是违反罪刑法定主义宗旨的。①

明确性原则，又称“含混无效原则”②。这一原则，通常认为是关于构成要件和法定刑的明确性问题。明确性原则首先要求罪刑关系规范对犯罪构成要件的规定必须明确，特别是刑法分则必须规定应受刑罚规制的所有事态和该事态中的类型化之行为样态。日本学者金泽文雄认为：“关于犯罪的构成要件，成为刑罚法规的适用对象的国民层的平均人，根据法规的文字不能理解什么被禁止的场合是不明确的、违宪的。”③ 另有学者认为，既然法律也是语言，就免不了语言边沿部分的不明确性。特别是刑法必须规定应受刑罚处罚的所有事态，无论如何也不得使用抽象的、规范的语言。如果问题只是法文的语言的明确性，那么，“猥亵”、“胁迫”等几乎所有的刑法文言都有问题。但是，不能认为它们都是违宪的、无效的。尽管如此，但如果刑罚法规的文言总是对考虑是否受处罚给予线索，也不能被认为都是合宪的。对此，日本最高裁判所所持的态度是，如果用解释的方式明确了法文的含义、内容，就不应再指责其不明确性。但有学者主张，虽然用判例作出解释，可以使一般国民明确处罚范围、限制执法

---

① 参见马克昌：《比较刑法原理》，武汉：武汉大学出版社，2002 年，第 74 页。

② 从语义上比较，明确性原则和含混无效原则也有一定的区别，前者主要是对立法的要求，后者更倾向于规制法规之适用效力。

③ ［日］中山研一等编：《现代刑法讲座》（第 1 卷），日本：成文堂，1980 年，第 93 页。

机关裁量权，但是，如果法文自身对国民、执法机关是不明确、广泛的话，国民的权利在法院作出解释以前就受到侵害，而事后法院也不能补救。故还是应根据法文自身来判断不明确性、广泛性。“用解释来补救”的方法，总是对虽然不当但还不至于违宪、无效的刑罚法规有采用的余地。① 法定刑的明确性也称为“法的效果的明确性”；即“刑罚法规明示可罚的行为的类型之同时，也要求以刑罚的种类、份量明示可罚性的程度。”② 明确性原则要求：首先，在罪刑关系规范中，只规定行为应受处罚，或者虽规定刑罚种类但未规定刑罚幅度的法规是绝对不允许出现；其次，在当今各国刑法均采用“相对确定的法定刑”中，如果法定刑幅度过大，法官的裁量权就过大，就会难以保障均衡，合理地裁量刑罚。但是，犯罪是极为复杂的社会现象，罪刑规范的局限性总是客观存在的，法官的自由裁量权又是司法的必要前提。因此，在罪刑关系规范的设定中正确调节罪刑关系明确性与法官的裁量权之关系始终是一个不容忽视的问题。

---

① 张明楷：《外国刑法纲要》，北京：清华大学出版社，1999 年，第 27—28 页。

② ［日］中山研一等编：《现代刑罚讲座》（第 1 卷），日本：成文堂，1980 年，第 94 页。

第四章　罪刑关系合理性实现的路径选择

罪刑关系合理性的实现是罪刑关系研究中不可分割的部分。罪刑关系合理性包括了刑事立法和刑事司法两个方面的要求。刑事立法上建构合理的罪刑关系是刑事司法上实现罪刑关系公正、合理的前提。由于罪刑关系合理性的内涵包括犯罪范围的设定和刑罚轻重的配置，因此其内容显然不能等同于罪刑相适应。虽然立法上的罪刑关系合理对于实现司法上的定罪准确、量刑适当具有重要的前置意义，但司法上的罪责衡平则受到诸多因素的制约。本章中所研讨的罪刑关系合理性实现的路径选择，是以法益保护优先性之贯彻、罪刑关系规范立法之改进以及若干具体犯罪罪刑关系立法之完善为视角的分析。

第一节　法益保护优先性之贯彻

一、类罪划分及其排列顺序应体现法益保护优先性原则

刑法分则规范规定具体的罪刑关系，而具体犯罪的种类繁多，这就需要以一定标准将具体犯罪分为若干类（类罪），再以

一定标准对这些类罪进行合理排序，同时对各类罪中的具体犯罪进行排列，从而形成罪刑规范体系。类罪划分及其在刑法分则中的排列顺序，体现了刑法的价值取向。正如前文所述，大陆法系国家刑法与刑法理论，一般以犯罪侵犯的法益为标准，采取二分法或三分法。二分法将犯罪分为侵犯公法益的犯罪与侵犯私法益的犯罪；三分法将犯罪分为侵犯国家法益的犯罪、侵犯社会法益的犯罪与侵犯个人法益的犯罪。“如法国1810年刑法分则部分将各种犯罪规定，区别为下列两大类：1. 对于公的事物之重罪及轻罪；2. 对于个人之重罪及轻罪。近世刑事立法以法益作为区分各种犯罪规定之标准，始由法国刑法开其先河，这对于其他国家刑法影响可谓至巨，日本明治13年之旧刑法将犯罪分为关于公益之重罪轻罪及对于身体财产之重罪轻罪，即是仿效法国立法例。在理论上欧陆刑法学者亦莫不注重法益之概念，藉以建立关于各自犯罪规定的理论体系。依法国学者的通说，认为刑法上各罪得依法益的种类，区分为对于国家法益之罪，对于社会法益之罪及对于个人法益之罪。迄今此种区分仍极流行。”① 关于犯罪的排列，第二次世界大战前，大陆法系国家刑法和刑法理论一般将侵犯国家法益的犯罪放在首位，侵犯个人法益的犯罪放在最后。但第二次世界大战后，一般将侵犯个人法益的犯罪放在首位，将侵犯国家法益的犯罪放在最后。尽管有的国家（如日本）的刑法将侵犯公法益的犯罪规定在前，将侵犯私法益的犯罪规定在后，但刑法理论仍然将侵犯私法益的犯罪置于罪刑各论的首位论述。这反映了刑法价值取向的变换。② 当今世界各国较为重视个人法益，最近以来的外国刑事立法（尤其是欧洲诸国）大有将个人利益保护置于优先地位的趋势，这凸显了立法者重视个人

---

① 韩忠谟：《刑法各论》，台湾：三民书局，1997年，第4页。

② 参见张明楷：《刑法学》，北京：法律出版社，2003年，第506页。

利益保护、尊重个人价值的观念。在现行的法国刑法、俄罗斯刑法中，个人法益被置于优先地位，规定在刑法分则第一章。刑法分则的排列顺序事关法定刑配置及人权保护观念的强化等问题，个人法益优先化的做法表达了在特定时期一个国家的根本价值。①

一些日本学者认为，应根据宪法所赋予价值的法益，将刑法上的犯罪整理分类并合理排序。如曾根威彦教授主张，从日本国宪法将以个人尊严为基础的尊重基本人权和国民主权原则作为基本原理加以规定的情况来看，可以说，国家的任务在于保护个人生活利益（个人法益）和作为其集合的社会利益（社会法益），以及保护为维持、促进上述利益而设置的各种机构、组织（国家法益）。刑法通过对抽象的侵害一定法益的行为科处刑罚，防止一般国民实施犯罪（一般预防），另外，通过对实际实施的犯罪科处刑罚，防止该犯罪人重新犯罪（特殊预防）。法益当中，包含有生命、身体、自由、名誉、财产等个人法益，公共安全、信用等社会法益，国家（以及地方公共团体）的立法、行政、司法的顺利进行等国家法益，但是，在以尊重国民主权以及基本人权为基本原理的现行宪法之下，必须优先保护个人法益。法益概念，是为了防止不当扩大犯罪概念，确保一定的市民自由不受国家干涉而引进到刑法学当中来的，从这种历史经过来看，其从当初开始，就具有自由主义的特征。法益概念，一方面在通过说明犯罪的实质特别是违法性的实质，阐释排除违法性的一般法律原理，具有意义；另一方面，在根据法益的种类，将刑法分则中所规定的各个犯罪类型加以分类并体系化，从而作为解释各个犯

① 周光权：《刑法各论讲义》，北京：清华大学出版社，2003 年，绪论第 8 页。

罪类型的指针方面，发挥作用。[①] 大谷实教授指出，日本国宪法以个人主义为根基。个人主义认为人类社会中一切价值的本源在于个人，国家应对这种具体的活生生的个人表示最大限度的尊重。从这种观点来建构刑法各论体系的话，就是，第一，个人法益是应当通过刑法加以保护的各种利益的基础；第二，社会法益作为个人的集合体的公共利益，应当放在个人利益之后；第三，国家法益，在国家的存在、方式、职能都受制于全体国民的意愿，而且，个人自由受到国家的保护才能追求幸福的意义上，具有保护的价值，换句话说，它应当处在所有法益的顶点。[②] 基于这种考量，大谷实教授在其撰写的《刑法各论》的著作中即是按照个人法益、社会法益、国家法益的顺序进行论述。罪刑关系规范，是为了实现一定价值而加以规定的。因此，也必须在权衡法益价值，贯彻法益保护优先性原则的基础上，实现其维护、发展社会秩序以及最大限度地保护法益之趣旨。

二、法益保护之优先性与我国刑法分则体系

我国刑法分则将具体犯罪分为十类，每一章规定一类犯罪，其排列顺序前文已述，此节不再赘言。有学者认为我国刑法分则具有如下特点：第一，原则上依据犯罪的同类法益不同，因而其危害程度不同；根据犯罪的同类法益对犯罪进行分类，有利于把握各类犯罪的性质、特征与危害程度，有利于贯彻区别对待的政策，有利于司法机关正确定罪量刑。第二，总体上依据各类犯罪

---

① ［日］曾根威彦：《刑法学基础》，黎宏译，北京：法律出版社，2005 年，第 6 页。

② ［日］大谷实：《刑法各论》，黎宏译，北京：法律出版社，2003 年，第 2 页。

的危害程度对类罪进行排列。类罪的排列反映了刑法的矛头所向与打击的重点，反映了立法者对各类犯罪的认识和态度。我国刑法基本上以各类犯罪的危害程度为依据，按由重到轻的顺序进行排列。第三，大体上依据犯罪的危害程度以及犯罪之间的内在联系对具体犯罪进行安排。犯罪分则在安排各类犯罪中的具体犯罪时，首先考虑的是具体犯罪危害程度的大小，如将背叛国家罪、放火罪、故意杀人罪、抢劫罪等分别规定在各章之首，就是因为这些犯罪在各章之中最为严重。与此同时，刑法分则又考虑了具体犯罪之间的内在联系，如在故意杀人罪之后规定了过失致人死亡罪，在重婚罪之后规定破坏军婚罪，就是照顾到它们之间的内在联系。第四，基本上依据犯罪侵犯的主要法益对犯罪进行归类。一些犯罪同时侵犯了二种以上的法益，刑法分则根据该犯罪侵犯的主要法益将其归入不同的类罪。如将抢劫罪归入侵犯财产罪，将合同诈骗罪归入破坏社会主义市场经济秩序罪，如此等等。[①] 应予提及的是，我国有学者在其撰写的刑法学教材中，建构了以保护法益为基准的刑法各类体系，该学者认为，以保护法益为基准进行分类，刑法典也以保护法益为顺序加以编排，这样可以带来理解和运用上的便利。[②] 我国刑法典分则体系对犯罪分类的主要依据是犯罪的同类客体，这体现了以同类法益作为犯罪分类基准的意蕴。类罪的排序大致是以国家法益居首，次为社会法益，而以个人法益殿后的顺序安排的。这种立法例无疑体现了国家及社会本位的思想。

笔者认为，国家法益和社会法益是每一个国家的法律都应当予以保护的特别重要的法益类型。但是，国家法益和社会法益之所以重要，并不是因为它们具有超越个人法益的国家权威和社会

---

① 张明楷：《刑法学》，北京：法律出版社，2003 年，第 506—507 页。

② 周光权：《刑法各论讲义》，北京：清华大学出版社，2003 年，绪论第 6 页。

本位的价值，而是因为国家作为维护、保护个人利益的机关、机构，国家法益只不过是为了个人利益而存在，社会是由不特定的多数人构成，社会法益也只是个人法益的集合而已。以人为本作为现代社会的标志之一，已获得当今社会广泛的认可和共识。最大限度地尊重个人的尊严和权利，谋求国民之生存幸福，是国家和社会一切制度安排的出发点和归宿，社会和国家为人而存在。“国家只不过是为了国民而存在的机构，是为了增进国民的福利才存在的。”① 对于政府存在的目的和价值，有学者认为，“政府存在的目的即在于保护公民的权益，如果不是为了保护公民的权益，我们实在不知为何要有政府。”② 日本学者曾根威彦亦认为，人权是以个人尊严原理为基础的自然权利思想为背景而实定化的，其价值在实定化的秩序当中，具有最高地位。保障人权，应当是包括私法和公法在内的所有法秩序的基本原则，对所有的法律领域都适用。③ 以上言论，均能论证笔者主张的应在罪刑关系的建构中贯彻优先保护个人法益的观点。法益保护的顺序安排，不单单是形式体例的问题，其在法规范的背后体现了国家观及社会观的形塑和确证。将侵犯个人法益的犯罪置于刑法分则体系的首位，彰显了个人权利本位、个人法益优先保护的理念。此外，对保护法益的理解不同，必然导致对法益侵害行为危害性的认识不同。在刑法理论研究中，提倡和探索按照侵犯个人法益的犯罪、侵犯社会法益的犯罪、侵犯国家法益犯罪顺序进行论述，不

① ［日］前田雅英：《刑法各论讲义》，日本：东京大学出版社，1995 年，第 476 页。

② 张树义：《澳门行政程序法典之探讨》，载《澳门法律学刊》，1999 年第 4 卷第 3 期，第 57 页。转引自张明楷：《论以危险方法杀人案件的性质》，载《中国法学》，1999 年第 6 期。

③ ［日］曾根威彦：《刑法学基础》，黎宏译，北京：法律出版社，2005 年，第 223 页。

仅有利于表达个人法益优先的刑法根本价值，有利于准确把握各类犯罪法益侵害性的本质，而且能够引导社会民众观念的转变和推动立法者法益保护之价值观的改进。笔者认为，应将社会法益的保护置于国家法益保护之先，主要是考虑到，社会法益是个人法益的集合，社会法益的重要性程度是从个人法益所具有的至高无上之"价值位阶"而推导出的结论。社会法益，依其性质可以统括一切生活利益。个人不能离群独处，特定的个人与其他社会主体和社会团体之间的关系，"恰如唇齿相依，休戚与共，尤其现代社会生活关系复杂，个人固非赖团体无以谋自身之生存发展，而社会之进步，更以各个人之和衷共济为前提，彼此之利益实为互相依存。是以在现代进步之立法下，个人生活价值咸得以社会利益衡量之，从而个人利益无一不受社会利益之统制，即以政治社会为主体之国家法益，亦不过是广大社会法益之一分支而已。"[①] 我国台湾地区学者韩忠谟先生进一步认为，社会法益，其范围甚广，大致包括下列各部门：1. 维持社会本体之存立及其机能之健全运用，关于此一方面，如治安秩序，公共安全、公共卫生、交易安全、公共信用等，均为社会所关心，而为其利益之所在。2. 确保社会制度之稳定，如关于宗教制度之维护，婚姻及家庭制度之保障等，关于婚姻及家庭，原属个人法益之范畴，而刑法基于社会全体立场，认其涉及婚姻与家庭制度之社会法益。3. 维持社会道德之健全发展，如善良风俗之保全，妨害风化行动之取缔等。4. 筹谋公共福祉之增进，如关于天然资源之开发与保全，公共福利之促进，社会经济与文化之提倡等。[②] 国家的存立及作用只有以最大限度地保护个人法益为主旨才具有本源之意义。虽然基于不同视角和观念，对于英美国家关于政府

① 韩忠谟：《刑法各论》，台湾：三民书局，1997 年，第 8 页。

② 韩忠谟：《刑法各论》，台湾：三民书局，1997 年，第 8 页以下。

的定位会有不同的评价，但其固守的个人本位之立场，从英美国家在个人人权的保护方式上，国家与国民之手段和目的关系上不难察见一斑。从英美人的人本意识到国家、社会制度的建构，无不强调公民个人权利的自保而反对国家权利的干预。“权力最小的政府即是最好的政府”以及“庞大的政府是人民的敌人”等这些耳熟能详的“人权宣言”，无一不昭示着人权的主体是个人，人权的客体是政府的现代国家理念。近几年，我国学界在对政府的职能进行研究中，也曾提出政府应当成为公开的政府、诚信的政府、责任的政府和法制的政府。从逻辑思辨的角度分析，这种政府的定位凸显出最大限度地尊重个人权利的政府观，亦表明，国家本位和社会本位的价值观正在受到挑战和质疑，个人本位的价值观已经得到肯定。

刑法分则规范应以保护法益为主旨，其所规定的各类犯罪均是对一定法益的侵害（包括危险和实害）。基于上文的解析，我国刑法分则体系可以考虑按照侵犯个人法益的犯罪居首，侵犯社会法益之犯罪居中，侵犯国家法益的犯罪殿后的顺序编排。需要说明的是，这种体例是以保护法益为基准而对犯罪进行分类后的体系安排，是贯彻法益保护之优先性原则的排列，但并不意味着后面一类犯罪中的所有具体犯罪，都比前一类犯罪的法益侵害性程度轻微。立足我国现行刑法典对犯罪的分类，侵犯个人法益的犯罪包括侵犯公民人身权利、民主权利罪和侵犯财产罪，侵犯社会法益的犯罪包括危害公共安全罪、破坏社会主义市场经济秩序罪和妨害社会管理秩序罪，侵犯国家法益的犯罪包括危害国家安全罪，危害国防利益罪、军人违反职责罪、贪污贿赂罪及渎职罪。由于我国刑法典对犯罪的分类未能充分体现以法益归类的准则，因此一些犯罪的分类尚有进一步调整的必要。以笔者之见，应将妨害婚姻家庭的犯罪独立成章，仍归属侵害个人法益的犯罪范畴（如果从妨害婚姻家庭犯罪侵害了社会对婚姻家庭的管理制度、秩序的角度考虑，将此类犯罪纳入妨害社会管理秩序罪的范畴而归属于侵犯社会法益的犯罪，亦有其合理之处。但笔者更倾向认为，婚姻家庭的权益属于私法益的范畴，故将妨害婚姻家庭的犯罪纳入侵害个人法益的犯罪中的做法更为可取）。而将扰乱公共秩序罪中的妨害公务罪，煽动暴力抗拒法律实施罪，伪造、变造、买卖国家机关公文、证件、印章罪，盗窃、抢夺、毁灭国家机关公文、证件、印章罪，非法获取国家秘密罪，非法持有国家绝密、机密文件、资料、物品罪，聚众冲击国家机关罪，侮辱国旗、国徽罪等，以及妨害司法罪和妨害国（边）境管理罪归属于侵犯国家法益的犯罪之中。因为，以上所列举的犯罪主要是侵犯了国家维持自身的存立与安全、尊严与荣誉以及维持统治机能之法益。当然，上述见解只是笔者关于法益分类的初步构想，相关问题尚需进一步研究。

还应进一步指出，刑法分则规范在安排各类犯罪中的具体犯罪的顺序时，根据法益保护优先性的要求，主要应考虑具体犯罪法益侵害性的大小，但同时也要考虑具体犯罪之间的内在联系。以侵犯个人法益的犯罪为例，个人法益包含有生命、身体（健康）、自由、名誉、财产等个人利益。显然，在个人法益中更应优先保护人的生命权益。日本学者木村龟二认为，“生命、身体是人格的基本要素，其本质是不可能用任何尺度进行相互比较的，与此同时，社会生活就是基于这样的人格者的结合而成立的，尊重、保护人格是法律秩序的基本要求，而且在任何意义上都不允许将人格作为实施自己的目的的手段，这是法的本质立场。”① 对每一个法益主体来说，丧失生命就意味着失去了其他一切法益，此可谓生命法益之于其他法益犹如“皮毛”之关系。在绝大多数国家的法律制度中，都体现了对生命权绝对保护的精

① ［日］木村龟二：《刑法总论》，日本：有斐阁，1979年，第270页。

神。我国台湾地区学者陈志龙先生主张，对生命权应采取绝对保护，不能因为数量大小而发生为了多数人的生命之维护则可以牺牲少数人之生命的问题，也不发生因被害人之承诺而阻却行为人的杀人行为的违法性。① 个人法益以生命为最重，从而刑法保护个人法益也以杀人罪居首。

综合上述，从实现罪刑关系合理性角度观之，我国刑法分则体系贯彻法益保护优先性原则，对于具体犯罪法定刑的建构以及犯罪之间公正地分配刑罚具有不可低估的意义。

三、个人法益的保护与被害人量刑建议权

在刑事司法实践领域凸显的矛盾中，被害人与被告人之间的关系是最难调和的场域，法律作为社会关系的调节器，在适时地回应与解决社会矛盾中理应发挥关键的作用。② 各种刑事案件中的被害人与被告人权益的冲突与平衡对现有的刑事立法和刑罚裁量机制提出了严峻的挑战。探讨被害人与被告人利益平衡和矛盾化解机制成为法治秩序构建的当务之急。据此，笔者立足于刑事程序法与实体法的双重视角，通过审视当下立法规定、司法实践以及民族刑事习惯法，对被害人量刑建议权的法理依据及制度建构等问题作一探析。

被害人量刑建议权，是指被害人（或被害人的代理人）在参与庭审时，根据被告人的犯罪事实、性质、情节以及被告方为赔偿损害和被害方达成协议所做的努力等情况，建议或要求人民

---

① 陈志龙：《法益与刑事立法》，中国台湾：台湾大学丛书编辑委员会，1992年，第476页。

② 参见汪习根：《化解社会矛盾的法律机制创新》，载《法学评论》，2011年第2期。

法院对被告人从重或从宽量定刑罚的意见。从刑罚权的内容看，刑罚权是由制刑权、求刑权、量刑权和行刑权构成。求刑权，是请求对犯罪人予以刑罚惩罚的权力，它可分为国家求刑和个人求刑两种，其内涵包括审判请求权、有罪判决请求权以及从重或从宽裁量刑罚的请求权。不言而喻，量刑建议权源于求刑权。从我国目前的司法实务中看，被害人对被告人量刑的建议多较笼统，但也存在一些较具体的建议，如是否适用死刑、是否适用缓刑或免予刑事处分等。笔者认为检察机关量刑建议权只能通过起诉的方式行使，而被害人的量刑建议权不仅存在于自诉案件中，在公诉案件中被害人也应享有量刑建议权。被害人的量刑建议权与公诉机关的量刑建议权以及被告人的量刑辩护权的性质各异。公诉机关的量刑建议权是一种司法请求权，属于检察权中公诉权的一部分，公诉人提出的量刑建议侧重于社会秩序之维持和使被告依法受到公正的处理；被害人的量刑建议权是为了强化被害人个人权益的保障和救济，追求个人相互间之满足，符合诉讼理念和恢复性司法的原理；被告人或被告人委托的辩护人行使的量刑辩护权是为了维护被告人的合法权益，争取使被告人得到从宽的处理，使其利益之剥夺止于最低限度。以上三种权利的行使虽然价值取向不同，但均应具有事实和法律依据的支撑，而且都只是一种建言，并无法定效力，只能是对法官作出的量刑判决提供参考，有利于法官在对被告人裁量刑罚时作到“兼听而明”。因此被害人的量刑建议权与公诉机关的量刑建议权以及被告人的量刑辩护权不仅可以并行不悖，而且对于公正量刑和国家利益、被害人利益及被告人权利的均衡保护能达到相辅相成的功效。法院合理地考量被害人提出的量刑建议，对于保障被害人的权利、实现量刑公正、提高诉讼效率、节约司法资源等均具有重要作用。

从程序立法角度考察，量刑公正需要两个条件予以保障：一是构建起多方参与的机制；二是建立参与者共同遵守的规则。目前这两个条件在我国均尚未确立。[①] 在我国现行刑事诉讼法中，量刑是合议庭封闭、独立地进行的一项裁判活动，控辩双方及当事人不能提出具体的量刑建议，更不可能就具体的量刑过程进行有效监督。相对于认定事实和确定罪名而言，量刑过程显得缺少透明度和可预测性。而建立完善的量刑建议制度后，虽然法院没有接受量刑建议的法定义务，但量刑建议权有助于打破量刑的封闭操作，给公诉人、辩护人及被害方以发表量刑建议甚至进行辩论的机会。这实际上增设了一个公开的量刑“听证环节”，从而提高了量刑的透明度。[②] 司法的最直接目的在于定分止争。刑法所具有的权威与效用，使其成为防止社会失序的最后一道屏障。量刑建议制度是一项由多方主体参与刑罚裁量过程的互动制约机制，从制度设计上讲，在侵犯个人法益的犯罪案件中，被害方参与量刑过程，更有利于保障其诉讼权利及利益，亦有助于保证量刑公正和促进社会和谐。从量刑应考虑均衡保护被害人和被告人利益的角度考察，被害人量刑建议权的确立及有效行使与我国量刑基准立法的完善具有密切联系，而被告方对犯罪行为的损害赔偿不仅会影响被害方量刑建议的内容，而且也是刑罚裁量中应考量的因素。

正是犯罪行为与侵权行为的竞合性使得“刑民互动”走上当今的司法舞台。“刑民互动”体现为民事责任影响刑事责任。[③] 在近代欧洲大陆国家，刑事损害赔偿问题，有些不仅反映在刑事诉讼法中的刑事附带民事诉讼的制度上，而且还反映在刑法规定

---

① 参见刘星：《从量刑建议权的价值取向谈如何开展量刑建议改革》，载《法学杂志》，2006 年第 2 期。

② 参见谢鹏程：《论量刑建议制度的意义》，载《检察日报》，2001 年 8 月 14 日。

③ 参见陆诗忠：《论我国刑事诉讼模式的再构建：多元、对接的诉讼程序》，载《甘肃政法学院学报》，2012 年第 3 期。

的实体内容上。刑法上规定，对于因犯罪受到损害的被害人，可以根据其请求或法官直接以裁判的方式，判决或命令罪犯给付一定数量的损害赔偿金，并以其履行赔偿义务，作为减轻刑事责任的理由之一。如瑞士刑法第 60 条规定："因犯重罪或轻罪给予他人损害者……法官依裁判经被害人的同意后，命令交付相当于法院确认的损害赔偿……"意大利 1921 年刑法草案规定，以履行赔偿损失作为刑罚减轻、宣告缓刑、假释的理由或条件。苏联刑法纲要规定，犯罪人自愿赔偿损失或消除造成的损害，是减轻责任的情节之一。① 笔者认为，量刑应立足于责任和预防两个方面，并考虑犯罪人赔偿损失及消除或减轻犯罪损害等的规定颇具合理性。如前所述，犯罪人对损害予以赔偿以补救其犯罪后果的行为一般都会影响被害人量刑建议的内容。在量刑基准中规定，刑罚裁量应考量犯罪人对被害人的损害赔偿情况，这也符合现代社会中刑事法律应具有的优先保护个人法益及重视被害方量刑意见的旨趣。

建构被害人量刑建议权制度是为了指引与规范被害人通过法律程序表达诉求。法律是以其理性来解决社会纷争所形成的规则，是凝结在规则中的理性。对法律制度的理性分析是达到对规则构建之法律依据的认识和把握的基础。"法理的标准是理"，因此，被害人量刑建议权的合理性才是其基本的法理依据。笔者将被害人量刑建议权之法理依据归纳为以下几个方面：

1. 使被害人利益与被告人的正当利益的保护在实践中最大限度地达成统一

保护被害人利益与保护被告人的利益有时确实存在某些矛盾甚至冲突，一些历来重视维护法律秩序和社会安全，注重保障社

① 参见邵世星、刘选：《刑事附带民事诉讼疑难问题研究》，北京：中国检察出版社，2002 年，第 12 页。

会普遍利益的国家在当下进一步加强了对被告人利益的保护。应当引起我们注意的是，在加强保障被告人利益保护的同时，多数国家都力图兼顾刑事司法利益机制中的多元利益，并以此为标准调整其司法手段。政策调整的表现之一是重视被害人权益，提高被害人诉讼地位。如果审视诉讼制度发展的整体趋势而且延长历史观察的视线，就会发现进一步尊重和保护个体利益，是一种日益发展的世界性趋势。[①] 尊重和保护个体权益也表现在直接体现个人法益保护优先原则的被害人的诉讼权利与利益的扩大与保障。这一倾向并不限于某一国家，同样是一种世界性趋向。而比较保护刑事被告人的趋向，这一趋向出现的较为晚近，因而更显得“方兴未艾”。美国、日本等国近年来就保护刑事案被害人采取了一系列强有力的举措，如制定保护被害人的专门法律，修改诉讼立法；对某些案件的控诉证据降低了要求；完善对被害人的损害赔偿程序；规定并保障被害人参与诉讼的权利并努力防止官方对被害人的诉讼伤害等。[②] 笔者认为，被害人利益的保护与被告人正当权益之保障统一于所建构的法律制度对人的权利及个体利益的尊重和维护。为了实现被告人权益与被害人利益的均衡保护，我国已有司法解释作出了相应规定。2006 年 1 月 11 日最高人民法院《关于审理未成年人刑事案件具体应用法律若干问题的解释》第 16 条规定，对未成年罪犯符合刑法第 72 条第 1 款规定的，可以宣告缓刑。如果同时具有积极退赃或赔偿被害人经济损失的，对其适用缓刑确实不致再危害社会的，应当宣告缓刑；该解释第 19 条规定，被告人对被害人物质损失的赔偿情况，可

① 参见张泽涛：《过犹未及：保护被害人诉讼权利之反思》，载《法律科学》，2010 年第 1 期。

② 参见龙宗智：《相对合理主义》，北京：中国政法大学出版社，1999 年，第 42—44 页。

以作为量刑情节予以考虑。司法实务中，法院对一些伤害案件甚或根据罪中情节应判处被告人死刑的案件，如果被告人积极赔偿被害方的损失并取得被害方一定程度谅解的，法院也会将此作为刑罚裁量情节予以考虑。被害人利益和被告人利益的均衡保护，就是要谋求对受害人和侵害人之间利益保护的平衡点的准确把握，这种“平衡点”的寻求和确立首先应是要求双方利益的保护均应具有正当性和合理性，并应在立法上划出两方面利益的适当边际。如此，遂使得被害人利益和被告人的权益的保障趋于统一。

法益，即法律所保护的利益。刑事法律最重要的任务，就在于保护合法利益不受犯罪行为的侵犯，刑法所规定的各种具体犯罪应承担的法律后果——刑罚，即是为达到保护法益目的的必要手段。法益可分为国家法益、社会法益和个人法益。其中，个人法益是最基本、最广泛的法益。在现代社会，公民个人的生命安全、自由和财产等这样一些基本权利都已纳入刑法保护的范围，刑事诉讼法也对公民的诉权作了较完备的规定。值得注意的是，国家法益、社会法益与个人法益既有区别又具有密切联系。一般而言，侵害个人法益的行为都必然侵害到国家和社会。“事实表明，如果只注意对社会法益的保护，就会导致个人法益的丧失；如果注重对个人法益的保护，则并不会导致社会法益的丧失。因为社会法益是个人法益的集合，保护好每一个人的法益，是保护社会法益的最佳途径。”① 以人为本作为现代社会的标志之一，应成为当今社会的共识。尊重个人的尊严和权利，最大限度地保障公民个人的利益并谋求公民之生存幸福，是国家和社会一切制度安排的出发点和归宿，社会和国家为人而存在。“国家只不过

① 张明楷：《法益初论》，北京：中国政法大学出版社，2000 年，第 243 页。

是为了国民而存在的机构，是为了增进国民的福利才存在的。”① 国家制定的刑事法律制度应最大限度地贯彻个人法益保护优先性的思想。

对诉讼制度作纵横观察，从不同历史时期和不同国家的诉讼制度中，可以抽象出三种较为典型的利益保护模式，即补偿模式、犯罪控制模式和正当程序模式。对于犯罪控制模式与正当程序模式，国内也有学者进行了评述。② 其中，补偿模式的侧重点在于被害人的补偿。在盛行血亲复仇、同态复仇的早期古代社会包括欧洲某些国家的封建前期，这种模式表现得较为典型。在这种模式中，诉讼主要被当作当事人双方的私事。主要起诉是自诉，实行被害人不告不理，被害人行使原告权利并承担举证责任。补偿模式的主要目的是赔偿被害人，因而程序进行或终止以及惩罚形式都要根据被害人及其亲属的意愿并考虑被害人的受害程度。虽然补偿模式是与社会制度文明的程度不高的社会状况相适应而产生的，但其所体现的尊重当事人意愿和重视个人法益保护的价值观念，在今天看来，依然颇具合理性及借鉴意义。

在我国的量刑基准立法中，增加规定量刑应考虑犯罪人为赔偿损害与被害方达成协议所做的努力，并在程序法中赋予被害方的量刑建议权，有利于立法公正和最大限度地保障被告人权利和被害人的利益。以财产犯罪为例，被告人在案发后返还财产或主动赔偿被害人损失，被害人由此提出对被告人从宽量刑的建议而使得被告得以从轻处罚，这不仅实现了刑罚公正，而且也使刑法立法相关规定作到了衡接与平衡。因为财产损害大小及是否得到

---

① ［日］前田雅英：《刑法各论讲义》，日本：东京大学出版社，1995 年，第 476 页。

② 参见张泽涛：《反思帕卡的犯罪控制模式与正当程序模式》，载《法律科学》，2005 年第 2 期。

现实赔偿虽然不是判断财产犯罪社会危害性程度的唯一标准，但不失为一个最为重要的标准。既然在贪污犯罪的罪刑规范中，已将犯罪人犯罪后积极退赃规定为法定从宽处罚情节，立法更应当在侵犯财产犯罪中，考虑犯罪后被告人返还财物或主动赔偿损失的从宽处罚情节。

法院在对犯罪人裁量刑罚时，考虑犯罪人为赔偿损害和被害人达成协议的情况，使积极赔偿被害人损害的被告人得到从宽量刑，这无疑保障了被害人获得赔偿权之有效实现。这一立法规定的确立与贯彻能够保证被害人利益与被告人利益的考量趋于一致，使两者利益具有了内在统一性。

近现代刑事诉讼结构设计的一个指导思想是把犯罪追究与惩罚功能收归国家，认为被害人利益能为国家所代表与保护。20世纪80年代后这种情况有了较大变化，变化的背景与被告人权利保护加强的理由相通，这就是说，被害人与被告人一样是国家应予尊重和保护的对象。作为公民，被害人与被告人、其他公民一样享有同样的权利，这种权利是一种完全独立的重要权利，其他任何主体都不能完全代表。基于此，不少国家的刑事诉讼作了变动。综观各国的程序立法，被害人权利的保护主要体现在：加强对被害人的人身保护；被害人在一定情况下，可作为刑事原告人出庭，享有原告的诉讼权利与义务；扩大未起诉的被害人的诉讼权利。例如美国被害人与证人保护法规定，检察官提交联邦法院的调查结果报告中必须包括一份所谓“被害人状态的陈述”，用被害人的观点来描述犯罪及其结果。这使法官有可能倾听并采纳被害人关于定罪量刑的意见；扩大了被害人从罪犯处获得赔偿的可能性。显然，被害人权利的独立性、重要性在今天的确认，已经对传统的被告人和国家相对立为研究中心的诉讼理论构成一定挑战，也使据此构建的诉讼模式受到冲击。强调被害人利益、被告人利益、国家与社会利益相协调与共存的新诉讼理念正为人们所逐渐接受。[①] 这表明权利价值选择的兼顾性已被一些国家的立法者所重视，被害人参与量刑活动的权利也在相关的立法中有所反映。

我国的刑事诉讼中，被害人是指其人身财产及其他权益遭受犯罪行为侵害的人。当代的刑事诉讼是以公诉为主。以个人力量追诉犯罪存在侦查方面和举证方面的诸多困难和障碍，尤其是个人不能也无法采取强制措施，因此以国家名义对犯罪提起公诉，这并不是侵犯了犯罪行为所侵害的个人之诉权，而是为了更好的维护受害人的利益。当下的刑事诉讼之所以采取以公诉为主，还基于这样一种考虑，立法者认为所有犯罪不仅是对个体的侵犯，也是对国家所保障的社会关系的侵犯。此种观点的理论基础是国家主导型的刑事法律关系“二元结构模式”，即刑事法律关系是“国家—犯罪人”二者之间的关系，犯罪的本质危害是侵害了国家的统治关系。此种格局之下，国家从社会秩序的维护者及刑罚权之主体变成了所有犯罪中的被害者，从理性角度思辨，这一立法模式的理论基础应重新考虑。在侵害个人法益的公诉案件中，虽然犯罪行为破坏了法秩序，但实际承受损害的则是被害人。犯罪的本质是社会危害性，但社会危害性的表现和内容则是侵害被害人的利益。从被害人的角度看，国家以维护社会整体秩序为目的的惩治犯罪行为，其实并不能消除被害人个体利益受损害的状况，从而也不能满足被害人对个体利益补偿和恢复利益原状的要求。[②] 有学者认为，应当将现行的刑事法律关系“二元结构模式”即国家、犯罪人二者之间关系，改造为“三元结构模式”

---

① 参见左卫民、谢佑平：《刑事诉讼发展的世界性趋势与中国刑事诉讼制度的改革》，载《中国法学》，1996 年第 4 期。

② 参见石磊：《论我国刑事和解制度的刑事实体法根据》，载《法商研究》，2006 年第 5 期。

即在国家与犯罪人之外，增加被害人作为刑事法律关系中的一极。在这种模式下，被害人的地位得到承认，犯罪首先被看作是加害人与被害人的个人关系冲突，同时也被看作是加害人与国家的冲突。① 毋庸讳言，犯罪行为危害表现的复杂性及多元化决定了一味坚持刑事法律关系均表现为国家与犯罪人之间关系的观点反而会严重阻碍被害人的利益保护。应当指出，“公诉讼观”代替“私诉讼观”的确是社会发展和司法文明的表现。但是，过犹不及，由国家垄断求刑权或过分强调公诉，也产生了忽视被害人权利的现象，起诉权的丧失也致使被害人失去了其他一些诉讼权利，如知情权、量刑建议权、上诉权、申诉权以及申请刑事证据保全权等。② 近年来，随着国际性人权保障运动的广泛开展，各国又开始加强被害人在刑事司法中的权利保障。为了更好地维护个人的诉权，作为公诉的补充，我国刑事诉讼中保留了个人自诉制度。此外，我国刑事司法中被害人也享有诉讼权利以保障其人权。根据刑事诉讼法第 170 条的规定，在告诉才处理的案件，被害人有证据证明的轻微刑事案件，以及被害人有证据证明对被告人侵犯自己人身、权利的行为应当依法追究被告人刑事责任，而公安机关或人民检察院不予追究被告人刑事责任的案件中，被害人可以向人民法院提起自诉，从而具有自诉人的身份和地位。在刑事自诉案件中，被害人享有独立的求刑权，因此，虽然法律未明确规定被害人能够享有和行使量刑建议权，但法院一般还是会合理地听取被害人对犯罪人量刑方面的意见。同时，被害人诉称由于被告人的行为而遭受物质损失的，在刑事诉讼过程中有权

① 参见杜文俊、任志中：《被害人的宽恕与死刑适用》，载《社会科学》，2005 年第 12 期。

② 参见张泽涛：《我国刑诉法应增设刑事证据保全制度》，载《法学研究》，2012 年第 3 期。

提起附带民事诉讼，从而成为附带民事诉讼的原告人。除此之外，我国刑事司法中被害人享有的诉讼权利有：对司法人员侵犯其诉讼权利和人身侮辱的行为，有权提出控告；有权要求司法人员回避；有权参加法庭调查和法庭辩论；有权对判决和裁定提出申诉；有权提起附带民事诉讼等。

加强被害人的权利保障，并对被害人与被告人的权利加以合理、适当的平衡，也是我国程序立法所致力追求的目标。我国刑事诉讼法赋予刑事被害人独立的诉讼当事人地位。一方面，被害人作为遭受犯罪行为侵害的人，与案件结局有着直接的利害关系。他不仅具有获得经济赔偿或补偿的欲望，而且更有着使对其实施侵害的犯罪人受到法律上的谴责、惩罚的要求，刑事诉讼的进行，在使犯罪嫌疑人、被告人的刑事责任问题处于待判定状态的同时，也使被害人的上述欲望和要求处于待确定状态。这是赋予其当事人诉讼地位的理论基础。另一方面，被害人基于实现使被告人受到合法的报应这一要求，具有积极主动地参与诉讼过程、影响裁判结局的愿望。只有满足被害人的这种愿望，使其作为拥有较广泛诉讼权利的当事人，诉讼活动的进行才能对国家、被告人、被害人等各方面的权益作出适当、合理的平衡。① 我国刑事诉讼法关于人权保障的规定比较全面地反映了我国保障人权的思想。现行的刑事诉讼法在1996年修改时，增加了不少诉讼人权保障的内容，扩大了自诉的范围。如刑事诉讼法第145条规定："对于有被害人的案件，决定不起诉的，人民检察院应当将不起诉决定书送达被害人。被害人如果不服，可以自收到决定书后七日内向上一级检察院申诉，请求提起公诉。人民检察院应当将复查决定告知被害人。对人民检察院维持不起诉决定的，被害人应当将复查决定告知被害人。对人民检察院维持不起诉决定

---

① 参见陈光中：《刑事诉讼法》，北京：北京大学出版社，2002年，第68页。

的，被害人可以向人们法院起诉。被害人也可以不经申诉，直接向人们法院起诉。”该规定实际上给予了被害人完整的起诉资格。对于保障被害人的利益、追究犯罪是有益的，反映了我国司法制度对被害人权利的重视。[①] 我国刑事诉讼法第 160 条规定：经审判长许可，公诉人、当事人和辩护人可以对证据和案件情况发表意见并且可以互相辩论。该条规定表明法庭辩论的目的在于公诉人、当事人和辩护人有充分机会行使话语权以表明己方观点，充分阐述理由和依据，从而从程序上保障当事人和诉讼参与人的合法权益。发表意见和辩论的内容包括全案事实、证据、法律适用等各种与案件有关的问题。可以认为，上述规定虽不能理解为从法律上确立了被害人的量刑建议权，但该规定为被害方在公诉案件中享有和行使量刑建议权提供了一定的法律空间。笔者认为，被害人的量刑建议权有利于诉讼的平衡，这也是符合诉讼的基本原理的。“利益的法律表现是权利，实体权利需要诉讼权利来维护。因此必须赋予被害人相应诉讼权利，使其获得必要诉讼手段以维护自身的利益。”被害人的量刑建议权的立法确认，能够促使被告人在和被害方达成赔偿协议中表现出诚意和主动性，尽力赔偿因自己的犯罪行为对被害人造成的损失。

2. 其蕴含的精神与恢复性司法制度的理念相契合

恢复性司法是指与特定犯罪有利害关系的各方共同参与犯罪处理活动的司法模式。恢复性司法的最重要的特征就是恢复性。这意味着，要通过刑事司法活动，努力恢复被犯罪行为所造成的破坏、侵害。整个恢复性司法模式都是围绕“恢复”运行和发展的。恢复的内容是多方面的，可以从不同方面分析恢复的内容。就人际关系方面而言，犯罪行为往往对被害人造成直接的侵害，要让犯罪人通过多种行为取得被害人的理解和谅解，努力恢

① 参见樊崇义：《诉讼原理》，北京：法律出版社，2003 年，第 293—294 页。

复被犯罪行为所破坏的人际关系。恢复性司法还具有前瞻性的特征。在实施恢复性司法的过程中，尽管十分重视补偿犯罪造成的痛苦和恢复犯罪造成的损害，但是，人们不是眼睛朝后看，不是设法对已经发生的犯罪行为进行报复，不是想办法如何对已然犯罪的实施者进行惩罚而是着眼未来，设想如何解决所存在的问题，如何预防未来可能发生的犯罪行为。① 在刑事司法的各个阶段，都可以适用恢复性司法。法院在对被告人裁量刑罚时考虑犯罪人为赔偿损害和被害方达成协议所作的努力以及被害方提出的量刑建议，为犯罪人与被害人之间提供了一个对话、沟通的机会，体现了犯罪人对被害人的义务（例如赔偿、求恕等）优先于其他制裁和对国家的义务的理念，是一种以最符合社会各方利益的方式处理犯罪案件的司法模式。在笔者看来，绝对刑罚论强调的以罪责为基础的报应刑不能充分确定刑罚的意义和目的。对犯罪人适用刑罚的司法活动之目的不仅在于使犯罪行为人受到罪责衡平的处罚，而且也在于重建被犯罪所破坏的法秩序。恢复性司法强调理解、宽恕、羞耻、仁爱，强调心灵的沟通，具有浓浓的人文关怀。而且，恢复性司法以及以恢复性司法理念为基础的刑事和解制度注重刑事处罚的个别化，在维护刑罚正义的前提下，充分考虑和保护加害人与被害人的合法权益，其价值取向与我国罪责刑相适应的刑法基本原则的价值蕴含具有一致性。恢复性司法制度的理念符合社会矛盾多元调处机制的诉求，推进了司法民主，增加了社会的和谐因素。因此，笔者认为，确立和保障被害人量刑建议权有利于最大限度的达到情、理、法的动态平衡，其所蕴含的精神契合了恢复性司法制度的理念。

法律的制定及规则之建构和适用应考虑其自身的价值追求。

---

① 参见吴宗宪：《恢复性司法述评》，载王平主编：《恢复性司法论坛》，北京：群众出版社，2005 年，第 3—5 页。

法律价值的合理性包括两层含义：一是法律存在的必要性；二是价值选择的兼顾性。刑事法律价值选择的兼顾性主要表现为刑事实体法和程序法在保护利益或者满足某种需要的时候应当兼顾其他各方面的利益和需要，在刑事立法可能涉及的不同价值之间保持必要的平衡，因为任何一个社会都是由多元化的利益主体构成的，现实社会的客观需要也总是表现为多方面的需要。为了一个方面的利益而不适当地牺牲另一个方面的利益，或者为了满足某一方面的需要而不适当地牺牲另一方面的需要，都不能说是理性的和正当的。特别是在刑事立法这种以惩罚或剥夺为主要手段的制度设定中，用刑事立法来保护一种现实的利益，或者满足一种现实的需要，都可能构成对另一种利益或需要的损害。因此，刑罚的启动应当充分考虑其可能引起的利弊得失，在权衡不同利益和需要的基础上，进行抉择。① 在保护公法益与私法益之间，我国刑法从防卫社会这一特殊的法律理念框架中凸显出两种刑法导向：一是历史上长期是更多地保护国家法益和社会法益，有时甚至是为了保护公法益而漠视私法益之救济；二是认为惩罚犯罪既是对个人法益的保护，惩罚犯罪越严厉，对个人法益的保护力度越大。但在近现代法治国家，人们则意识到应强调个人权利的至上性以及个人法益的优先保护，刑法的保障人权的功能是与保护社会的功能并列的刑法基本功能。惩罚犯罪是为了遏制、预防犯罪创造条件并进而实现保护各种合法权益的最终目标。刑法保护各种合法权益的功能和刑罚公正惩罚犯罪目的的实现是紧密相联的，刑法保护功能和刑罚惩罚犯罪目的实现的程度和效果不在于国家对犯罪的打击、惩罚的强化，而在于实现刑罚权的正义性和合目的性。刑罚惩治犯罪应体现出公平价值和效益价值的统一。

---

① 参见张智辉：《刑法理性论》，北京：北京大学出版社，2006 年，第 70—72 页。

立法和司法是调整社会关系、规范社会主体行为的，而社会关系的主体是人。因此，立法和司法必须显现以人为本、注重人权保障，这是现代立法和司法的人文关怀的实质蕴含。它表明立法既应为个人自主决定权的行使划定一个合理边界，更须在司法上充分体现对个人权益及意志自由的尊重和保护。考虑到个人法益所具有人身依附性及私权（益）性，为使被害方最大限度地获得赔偿，在对侵害个人法益的犯罪惩治中，给予相应个体的意思自治空间是必要的和合理的。

我国一些民族地区的刑事习惯法特别重视犯罪方对损害的赔偿，其建立在损害赔偿基础上的量刑建议对于有效修复被犯罪行为破坏的社会关系具有不可低估的作用。“习惯也是人们日常生活中道德价值判断与行为选择的直接标准。由于习惯是自然的自由，是对人的‘精神历史’的记忆，具有理当如此的天然合理性特质，因而它就成为一种‘自然’的价值根据，并构成人们日常生活中行为选择及其价值判断的直接标准。”① 民族地区的民族习惯法作为法律的重要补充，发挥着裁判、调整、规范、教育等重要功能。比如，某些少数民族地区至今仍存在的赔命价、赔血价制度，少数民族公民相互殴斗导致死伤的，通过双方“长老”的协调并约定赔偿损害的数额和方式，能起到较好的平息争议及增进民族成员团结的效果。如果排斥这种损害赔偿规则的适用，即使对构成犯罪的人定罪处罚，仍会引起连续的“报复性”殴斗。当然，对于在适用赔命价、赔血价等民族习俗后完全排斥司法介入的做法应予以摒弃，而对于被害方获得满意的赔偿后而提出的对被告人从宽裁量刑罚的建议则应在立法上和司法实践中予以认可与支持。

有观点认为，刑事诉讼体现了国家追诉犯罪的职能，过程中

---

① 高兆明：《论习惯》，载《哲学研究》，2011 年第 5 期。

呈现出控、辩、审三方居于主体地位的“正三角模型”。在这一模型中，被害人被排斥在外而非刑事诉讼之主体，加之现行法律对被害人的规范十分残缺，致使其在刑事案件中的地位模糊，在量刑中的应有作用不能得到体现。[①] 笔者主张，“公诉讼观”代替“私诉讼观”的目的之一即是对个体权利的公力救助，在公诉案件中，赋予被害人的量刑建议权有利于明确被害人在刑事案件中“直接利害关系人”的地位，体现其在量刑中的作用。在公诉案件中，赋予被害人的量刑建议权有利于明确被害人在刑事案件中“直接利害关系人”的地位，体现其在量刑中的作用。建构被害人的量刑建议权制度，有以下几点内容应予强调。其一，在侵犯个人法益的犯罪中，被害人享有的量刑建议权，虽然体现了个人法益保护优先的精神，但这与维护被告人的正当权益没有冲突。因为，这里存在一种“同向损益”或“互惠性”关系。其二，有诸多案例显示，刑罚适用效果有时会遇上“二律背反”的窘境。在我国的司法实务中曾出现过被告人被判死刑后，作为外国人的被害方向我国外事部门提出抗议认为量刑过重的案件；也不乏在侵害生命权的犯罪案件中被告人被判死刑后出现的被害方的赔偿期待落空的案件。诸如此类案件，其司法实践的效果确实令人省思而难以认同。笔者认为，在被害人提出的量刑建议中，法院应当优先考量被害人提出的对犯罪人从宽裁量刑罚的建议。这对于实现个人法益保护优先性原则及罪刑均衡的一般正义与刑罚个别化之个别正义均具有重要的实践意义。其三，被告人积极赔偿被害方损失等悔罪行为虽然不能改变犯罪事实和犯罪性质，但在一定程度上减轻了其所实施的犯罪行为的危害结果。被害人对量刑意见的表达是与被告人的赔付损失等悔罪表现

---

① 参见孙启福、李维睿：《论传统司法对量刑规范化的启示》，载《现代法学》，2010 年第 6 期。

相关联的。其四，与公诉机关的量刑建议权相比，被害人量刑建议权的确立和行使，肯定面临着更多的机制、规则、环境甚至包括观念等诸多障碍，但它的证成适应了以人为本及个人法益优先保护的时代诉求，只要我们在现行的法律框架内，不断地探索其法理依据和具体操作规程，并进一步完善相关的法律规定，被害人量刑建议权制度必定会成为我国刑事司法制度不可或缺的组成部分。

以损害赔偿为基点建构的量刑建议权，具有对犯罪行为人进行惩罚和对被害人进行赔偿救济以及优先保护个人法益之功能，亦是有效修复被犯罪行为破坏的社会关系的重要手段。

从量刑建议权属于被害人诉讼权利的角度观之，被害人量刑建议权应在程序法中规定。刑事实体法中规定法院在量刑时应当考虑被害方提出的量刑建议，有利于有效实现被害人的量刑建议权。基于此，笔者建议在我国量刑基准的立法中应增加规定：在侵犯个人法益的犯罪中，法院在量刑时，应当考虑犯罪人为赔偿损失和被害方达成协议所做的努力，并应合理考量被害方提出的对犯罪人量刑的建议。这种实体法和程序法的“照应”性规定，不仅对于依法惩治犯罪和保障个体权益起到“相得益彰”的作用，而且符合“刑法谦抑性、刑足制罪和个人法益保护优先”之现代刑事法治理念。

第二节　罪刑关系规范立法之改进

在本书第二章第二节中，笔者从科学合理建构罪刑关系、完善犯罪情节的立法规定和完善法定刑的立法规定三个方面分析了罪刑均衡的立法改进问题，本节更注重从规范立法的视角，并以法益保护优先性的理念系统研析罪刑关系立法修正的内容。

一、罪刑规范中应采用明示式罪名确定方式

在罪刑规范系统中，罪名也应有一席之地，俗话说，“名不正则言不顺”，正确规定罪名是准确定罪的前提，罪名之法定是罪刑法定原则对刑事立法的基本要求。罪名虽是犯罪的名称，但它并非仅是一种称谓，罪名具有多方面的功能：1. 概括功能。罪名的概括功能是指罪名将形形色色的犯罪现象进行高度的概括，使人们能够了解刑法中规定了哪些犯罪。2. 区分功能。罪名的区分功能也称为罪名的个别化功能，是指罪名是对具体犯罪本质的或主要特征的高度概括，因而具有区分罪与非罪、此罪与彼罪界限的作用。3. 评价功能。罪名的评价功能是指罪名具有国家对法益侵害行为的否定评价以及对行为人进行的非难和谴责作用。4. 威慑功能。罪名的威慑功能是从其评价功能中引申出来的功能，是指罪名体现了国家对法益侵害行为的否定评价，这实际上是给人们提供了一个行为准则，因而罪名具有威慑和预防犯罪的作用。现代各国刑法确定罪名的方式主要有明示式和包含式两类，多数国家采用明示式的罪名确定方式，即在罪刑规范中以标题载明罪名，包含式罪名确定方式是在罪刑关系规范中不载明罪名，只规定罪状，将罪名包含在罪状之中。我国 1979 年制定的刑法和现行刑法均采用包含式的罪名确定方式。笔者认为，罪名确定权属于立法权的范畴，以上两种罪名确定方式相比，明示式的罪名确定方式不仅更符合罪刑法定原则的要求，而且便于司法实务中使用罪名的准确和统一，建议以后刑法修改时可以考虑在罪刑规范中采取明示式的罪名规定方式。

二、罪刑关系合理性之重构

（一）具体犯罪罪刑关系的合理性

犯罪是刑法所禁止的行为。国家对犯罪行为的否定评价和对犯罪行为人的谴责，是通过对犯罪配置相应的刑种和刑度体现的。具体犯罪中配置的法定刑反映了国家对该犯罪的法益侵害性的评价。笔者认为，具体犯罪中罪刑关系的合理性的基本要求有以下几个方面的内容。

1. 如前文所述，具体犯罪法定刑的确定，是以通常情况下该犯罪对法益的侵害或威胁可能达到的最高限度和最低限度为依据的。国家认为某种犯罪对法益的侵害或威胁的程度较大，就会规定较重的法定刑。国家认为某种犯罪对法益的侵害或威胁的程度较小，就会规定较轻的法定刑。个罪中所体现的罪刑均衡是指所配置的刑罚的性质和强度要与犯罪所侵害或威胁的法益性质和严重程度相称，轻罪轻刑，重罪重刑，刑当其罪，不允许轻罪重刑或重罪轻刑。

2. 衡量犯罪轻重的尺度，是犯罪所侵害或威胁的法益价值、法益数量等所体现的行为危害性，犯罪行为的危害性愈大，犯罪就会愈严重。判断行为对法益的侵害或威胁所体现的危害性程度，需要综合考虑如下因素：

（1）行为所侵犯的法益性质。这是决定行为社会危害性程度的首要因素。行为所侵犯的法益如果不具有重要意义，行为的社会危害性就不大；如果侵犯的法益具有特别重要的意义，如人的生命权、国家的政权和制度等，行为的社会危害性就很严重；如果行为所侵犯的法益性质比较一般，如一般财产关系、人的人格名誉等，行为的社会危害性是否达到严重程度，还需要结合其他因素才能确定。

（2）侵害法益行为的性质、方法、手段或其他有关情节。行为的违法程度以及期待可能性大小，行为是否采用了暴力方法，所实施的行为是否采用的禁止使用的工具、或者是否在法律禁止的地点或时间所实施，都直接影响着行为的社会危害性程度。

（3）侵害法益行为是否造成危害结果、危害结果的大小或者是否可能造成严重后果。侵害或威胁法益的行为造成较大的严重结果或者可能造成十分严重的危害结果的，自然成立重罪并应配置重的法定刑。如危害公共安全罪，这类犯罪侵害的法益是社会的公共安全，即不特定或多数人的生命、健康和重大公私财产的安全。危害公共安全罪侵害的对象往往具有不特定性，或虽然对象特定但实际被害为多数人，即造成的危害，不是限定于特定的个人或财产。绝大多数的犯罪往往在行为前无法确定其侵害的法益范围，也无法预料和控制其行为对法益侵害或威胁可能造成的后果及其程度，所造成的实际危害后果，常常超出了行为人的预料和控制。因此，这种具有公共危险性的犯罪行为一经实施，都能够在一定条件下造成众多人员的伤亡或公私财产的广泛损失，或者形成对公众生命财产安全的严重威胁。

（4）行为人本身的情况。有一种观点认为，主体要件并不能决定行为的社会危害性及其程度的，只能是通过行为表现出来的各种情况，如危害行为本身、危害行为的结果以及行为人对这种行为及其结果的心理态度等。尽管行为永远是由行为人实施的，没有行为人就没有行为，但是行为人的个人情况通常并不能改变行为的事实和性质，因而不可能对行为的社会危害性及其程度发生影响。在多数情况下，行为人的个人情况，既不能决定行为的社会危害性的有无，也不能决定行为的社会危害性的程度。比如盗窃 1000 元的行为，无论是 13 岁的人实施还是 14 岁的人实施，是16岁的人实施还是19岁的人实施，这种行为对社会的危害性质都不会发生任何改变。谁也不会说，已满16岁的人实施盗窃行为，就有社会危害性，而不满16岁的人实施盗窃行为，就没有社会危害性；已满16岁的人盗窃1000元，社会危害性程度就大，不满16岁的人盗窃1000元，社会危害性的程度就小。精神病人与精神正常的人所实施的行为，对于社会是否具有危害性，以及危害性的程度，同样是取决于行为本身的因素，而不是取决于行为人是否患有精神疾病。[①] 笔者认为，这种观点值得推敲，我国刑法理论认为，犯罪构成是指依照刑法的规定，决定某一具体行为的社会危害性及其程度，而为该行为构成犯罪或成立犯罪所必须具备的一切主观要件和客观要件的有机统一。行为人是否具有刑事责任能力，或是否具有特定的身份，对行为的社会危害程度的判断具有影响作用。缺乏刑事责任能力的人所实施的法益侵害行为虽然可能对某种法益造成了一定的损害，但由于缺乏主观恶性，因而不能认为其行为具有犯罪的社会危害性。在身份犯中，只有具有一定身份的人实施某种行为，社会危害性才会达到应受刑罚惩罚的程度。

（5）行为人主观方面的情况。行为人主观方面，也即犯罪主观要件，是指刑法规定成立犯罪必须具备的，行为人对实施的危害行为及其危害结果所持的心理态度。犯罪心理态度的基本内容是故意与过失（刑法理论一般将二者合称为罪过），此外还有犯罪目的与动机。犯罪主观要件的内容说明行为人对法益的保护持背反态度。犯罪的故意表明行为人对法益持一种敌视或蔑视态度（积极侵害态度）；犯罪的过失表明行为人对法益持一种漠视或者忽视态度（消极不保护态度）。因此，故意与过失是一种应

① 参见张智辉：《论罪责刑相适应原则》，载京师刑事法治网，http：//www. criminallawbnu. cn。

当受到谴责的心理态度。犯罪主观要件不仅是区分罪与非罪的标准之一，也对区分重罪与轻罪起到重要作用。罪过的形式与内容不同，反映出主体对法益的不同态度。就犯罪主体主观上对法益的威胁态度来看，故意较之过失、直接故意较之间接故意，显然要严重一些。即使罪过形式相同而内容不同时，其反映非难可能性（或可谴责性）程度也不相同。防止行为人再次犯罪，是刑事立法的重要目的，故罪刑关系的建构必然考虑行为人非难可能性程度。犯罪目的是目的犯的构成要件要素。刑法分则明文规定某些犯罪以具有特定目的为要件；如果行为人主观上不具有这种特定目的，则不构成犯罪或者只能构成其他犯罪。例如，赌博罪必须“以营利为目的”，否则不构成犯罪。之所以如此规定，是因为只有出于营利目的实施上述行为，其法益侵害性才达到应受刑罚处罚的程度。犯罪目的的另一个重要作用是在某些犯罪中是区分此罪与彼罪的标准之一。犯罪目的也是支配行为的主观内容之一，在许多情况下，犯罪目的不同，会导致行为对法益的侵害程度有别，刑法会规定为不同的犯罪。例如，同是传播淫秽物品，牟利目的的有无，会影响行为传播淫秽物品的范围与程度，因而构成不同的犯罪。故犯罪目的不仅直接说明行为人的非难可能性，而且能间接表现行为对法益的侵犯程度与范围。而犯罪动机在以情节严重、情节恶劣为构成要件的犯罪中可能影响对法益侵犯程度的判定，进而影响行为的定罪。当刑法分则条文规定情节严重、情节恶劣是犯罪的构成要件时，其中的“情节”不限于特定内容，可能包含了犯罪动机。①

（6）法益数量是否较大，情节是否严重、恶劣。在行为侵犯的法益是财产或公民的名誉等一般法益时，法益的数量是否达到一定标准，情节是否严重、恶劣等对确定行为的社会危害程度

① 参见张明楷：《刑法学》，北京：法律出版社，2003 年，第 210 页以下。

起着重要作用。需要说明的是，在建构具体犯罪的罪刑关系时，如重此失彼则会导致罪刑失衡。如在“数额犯”中，唯数额论即根据数额配置法定刑而不考虑数额以外的其他情节，往往导致罪刑偏差。在“情节犯”中，对情节理解偏颇，也会导致出现不合理的罪刑关系。我国现行刑法在建构盗窃罪的罪刑关系时，将“数额较大”与“多次盗窃”、“数额巨大”与“其他严重情节”、“数额特别巨大”与“其他特别严重情节”分别作为选择法定刑的标志，这种立法模式是可取的，说明即使是纯粹的侵犯财产罪，数额大小也只是影响法益侵害程度的因素之一。

由于对法益的侵害性具有一定程度的“变易性”，同一行为在不同时间、地点、条件下实施，其社会危害性的有无与大小会发展变化。① 由此，我们可以得出这样的结论：罪刑关系的合理性不具有绝对的静态上的意义，犯罪与刑罚的均衡、合理关系是随着时代的变化、国家和社会情况的变化而不断变化的，这一点在前文所论述的“法定犯”中表现尤为明显，因此，立法机关应当根据不同时代、不同国家和社会的情况去建构合理的罪刑关系。

3. 罪刑关系的合理性还包括刑种的选择与行为所侵害的法益具有“等量”关系。在确定刑罚的尺度上，刑事古典学派所倡导的报应刑论中曾形成等量报应与等价报应之争。源于“同

---

① 有观点认为，在认定行为的社会危害程度时，必须考虑行为实施时的社会形势。社会形势是社会的政治、经济、社会治安等综合情况，它对行为的社会危害程度有相当的影响。同样的行为在不同的社会形势下社会危害程度是不同的甚至大不相同的。同一行为在一定的社会形势下具有社会危害性或社会危害性较大，在另一形势下，行为不可能具有社会危害性或社会危害性较小。如堕胎行为，在新中国成立初期，具有严重的社会危害性，因而被认为是犯罪；而在20世纪80年代末1979年刑法制定时，由于人口增长过快和医疗条件改善，堕胎行为已不再具有社会危害性，因而我国刑法未将堕胎行为规定为犯罪。（参见马克昌主编：《犯罪通论》，武汉：武汉大学出版社，1999年，第23页。）

态复仇”的等量报应为康德所主张，等量报应强调根据刑罚与犯罪的对等，即根据犯罪情况决定惩罚的方式和强度。康德对刑罚与犯罪的平等的理解着重于二者在侵害方式，特别是危害结果上的对等，因而其报应刑理论的特点是强调刑罚报复与犯罪的“等量”。而黑格尔所主张的等价报应则认为刑罚的报应是一种等价（等质）报应。等价报应的内涵包括：刑罚的强度必须和犯罪行为的危害程度相适用；刑罚与侵害行为的等同不是体现在特种性状方面，而是追求在价值层面上的等同。一般认为，等价报应的提出使报应刑理论由以前的同态报应而进入等质报应这一更高层次领域，无疑是明显地发展了刑罚理论。笔者认为，由于等量报应追求形式上的对等性，必然受到一定的限制，而寻求价值上对等的等量报应对于建构罪刑关系，在今日看来仍具有借鉴意义。例如对营利性、利欲性犯罪重视财产刑的配置，对于预防犯罪来说无疑具有其他刑罚不可替代的作用。因为依刑罚剥夺的利益与犯罪行为侵害的法益在形态上相同或相似，有利于刑罚惩罚、遏制与教育功能的充分实现。

4. 建构具体犯罪的罪刑关系，应考量通常情况下该法益有可能遭受侵害所显现的危害程度。刑法分则条文中规定的基本犯、加重犯与减轻犯就是对同一具体犯罪的不同情况的分类。

基本犯是指刑法分则条文规定的不具有法定加重或者减轻情节的犯罪。例如，我国刑法第236条规定，以暴力、胁迫或者其他方法抢劫公私财物的，处3年以上10年以下有期徒刑，并处罚金。该规定就是针对抢劫罪的基本犯。刑法分则就是以基本犯为基准建构具体的罪刑关系。加重犯是指刑法分则条文以基本犯为基准规定了加重情节与较重法定刑的犯罪，其中又可以分为结果加重犯，实施基本犯因发生严重结果刑法加重了法定刑的犯罪，称为结果加重犯；实施基本犯罪因具有其他严重情节加重了法定刑的犯罪，称作情节加重犯，其中还可以分为数额加重犯和手段加重犯等。[①] 例如我国刑法第263条规定，有下列情形之一的，处10年以上有期徒刑、无期徒刑或者死刑，并处罚金或者没收财产：（1）入户抢劫的；（2）在公共交通工具上抢劫的；（3）抢劫银行或者其他金融机构的；（4）多次抢劫或者抢劫数额巨大的；（5）抢劫致人重伤、死亡的；（6）冒充军警人员抢劫的；（7）持枪抢劫的；（8）抢劫军用物质或者抢险、救灾、救济物质的。该规定列举的8种情形即包括了结果加重犯和情节加重犯。我国刑法分则中规定加重犯的条款较多，一般是以具体列举若干严重情形的方式来表述。减轻犯是指刑法分则条文以基本犯为基准规定了减轻情节与较轻法定刑的犯罪。例如我国刑法第232条规定，故意杀人的，处死刑、无期徒刑或者10年以上有期徒刑；情节较轻的，处3年以上10年以下有期徒刑。该条文后半段所规定的，就是故意杀人罪的减轻犯。在加重犯和减轻犯的法条规定中，犯罪情节的规定对于建构合理的罪刑关系具有重大影响。由于我国1979年颁布的刑法奉行宁粗勿细的立法原则，因而该法典的条文粗疏之处随处可见。1979年修订后的刑法虽然有所改进，但一些条文的粗疏之处还是较多的存在。

总的来说，立法机关在对具体犯罪建构罪刑关系时，必须综合考量行为侵犯的法益性质、法益数量、行为手段、行为造成或可能造成的危害结果等因素，并应对基本犯、加重犯与减轻犯的构成要素有一个准确的把握，具体化、类型化的犯罪情节与之相对应的法定刑的关系应具有均衡性、合理性。

（二）罪与罪之间法定刑的平衡

“一般说来，不同罪名之间，法定刑不同是理所当然的，将不同的行为或情况设定为不同的罪名，其根本原因就在于它们是

① 参见张明楷：《刑法学》，北京：法律出版社，2003年，第118页。

不同的，或行为方式不同，或侵害客体不同，或危害结果不同等等，否则就没有必要规定为不同的罪名，不同的罪名一般说来，法定刑也就不同。但同时也应该承认，这种不同不是绝对的。尽管罪的状况有各种不同，由于均以统一的刑种作为制裁方法（我国刑法规定的法定刑各种类），说明它们之间就毕竟有相通的一面，而这种相通的质（我们可以将其称为行为的社会的质）表现了各罪的共性。而相通的质之不同的表现形式，表现了各罪的个性，由于相通的社会的质的存在，也就决定了各罪之危害以及与其危害相适应之刑罚的可比较性，相同的形态（如后果）可能有不同程度的社会质，决定了其法定刑应该不同；不同的形态可能有相同的社会的质，决定了其法定刑应该相同，正是这种相通的社会的质的存在，才能使繁多的不同之罪以少数的刑罚作为统一的对策，也才使对之进行比较成为可能”。[①] 现行刑法中具有可比性的犯罪之间法定刑的失衡（刑罚分配的不协调）为数不少，这一立法缺陷主要表现在以下几个方面：

1. 侵犯的法益相同或相似的犯罪之间的法定刑失衡

这种情况是指在刑法上规定为不同罪名的犯罪所侵害或威胁的法益性质相同或相似，但立法上配置的法定刑不协调。例如同是侵犯财产的盗窃罪与诈骗罪，二罪侵犯的法益相同，在可能造成对法益的侵害程度上也没有明显差别，因为无论是盗窃还是诈骗，在侵财数额的可能性上难有重大不同。但在我国第一部刑法典中，两罪之间的法定最高刑不同，盗窃罪法定最高刑是死刑，而诈骗罪的法定最高刑为无期徒刑。当然，两罪的犯罪手段存在区别，秘密窃取和采用欺诈手段使他人错误交出钱财的行为完全不同，由这种不同也就带来了二罪的其他区别，如所造成的社会

---

① 李洁：《论罪名间法定刑的平衡》，载高铭暄、赵秉志主编：《刑法论丛》（第7卷），法律出版社，2003年。

影响不同，相同数额的盗窃与诈骗，会产生不同的对被害人与社会公众的心理影响。但问题在于，两罪均为侵财性质的犯罪，其最基本或最主要的危害表现是相同的。在这种基本相同的情况下，两罪最高刑却相差巨大，这种极刑与普通刑的距离是难以用次要的危害予以说明或决定的。又如，同是侵犯财产罪的盗窃罪和侵占罪，二罪均是侵财犯罪，侵犯的法益相同，但其法定刑殊异，根据现行刑法的规定，盗窃罪的法定最高刑为无期徒刑，而侵占罪的法定刑是：一般情节为 2 年以下有期徒刑、拘役或者罚金；严重情节为 2 年以上 5 年以下有期徒刑。法定刑的区别一是表现为来源于罪刑阶段的设立不同，二是表现为法定最高刑不同。这种巨大的刑的差别显然不是来源于罪的性质或称法益，因为其侵犯的法益是相同的。是什么因素决定了其法定刑有重大差别呢？如果说，性质相同但程度不同的犯罪法定刑有重大差别是合适的，而盗窃与侵占未必有这种差别。从广义来理解“代为保管的他人财物”，不是将其仅限在具有保管合同或保管协议的状态，而是无论何种原因，只要以合法的理由实际控制着他人的财物，就理解为代为保管的话，那么与盗窃相比，其侵财数额，即对犯罪客体的侵害程度，也难于找出重大差距。当然，在盗窃与侵占之间，是存在较大差别，这种差别至少可以表现为三点：一是手段不同；二是所造成的社会心理影响不同；三是为侦破案件（尤其是找到涉嫌犯罪人）所付出的精力不同。这些不同应该都可以成为影响刑罚之量的因素。但不可否认的是，与行为的性质与程度比，这样的不同毕竟只具有次要的性质，而以次要的理由决定了刑的天壤之别，其间之不平衡也应该是显而易见的。再如，同是具有侵财性质的诈骗罪与经济诈骗罪，在我国刑法中，本质上具有诈骗性质的犯罪除规定在侵犯财产犯罪中的诈骗罪外，在经济犯罪中还规定了许多特别类型的诈骗罪，包括金融诈骗罪（有 8 个集体罪名），合同诈骗罪和骗取出口退税罪等。

但同是诈骗性的犯罪，其法定最高刑不同，集资诈骗罪的法定最高刑是死刑，而其他诈骗罪的法定最高刑是无期徒刑。且不论单纯侵财性或同时具有危害经济运行秩序的犯罪是否可以规定死刑，单从法定刑平衡的角度来看，这样的规定也是值得推敲的。诚然，以上所提的各种诈骗罪在性质上不完全相同，单纯的诈骗罪只具有侵财性，而集资诈骗罪同时具有妨害经济秩序的性质，但这样的区别不足以构成法定刑不同的依据，因为，经济秩序的破坏在诈骗性的犯罪中，是通过对财产的直接侵害造成的，而秩序的设定又是为了保护这种财产权利，两者具有一致性或称互补性，很难说在侵害财产权利之外，又有与该权利无关的重大利益的侵害发生，因而对经济秩序的侵害本身是否可以成为独立的刑罚根据是值得研究的。[①]

在我国刑法的规定中，某些犯罪法定刑偏低，与其他侵害法益相同或相似的犯罪法定刑缺乏协调（这里的法益相同或相似指的是行为实际侵害的法益）。在一些犯罪中，立法者过低地估计其社会危害性，设置了过低的法定刑，以至实践中不利于公正惩罚该种犯罪。如我国刑法第 226 条规定的强迫交易罪，法定最高刑仅为 3 年有期徒刑，在有的情况下可能会轻纵犯罪。如有的行为人采取了暴力手段（以不造成轻伤为限），以较小价值的商品强迫他人以高于实际价值几倍、几十倍乃至上百倍价格购买，这种情况其社会危害性无异于严重的抢劫行为，而抢劫罪的法定最低刑已达 3 年有期徒刑，最高刑可达死刑，而上述行为因不符合抢劫罪的犯罪构成只能以强迫交易罪定罪，造成重罪轻刑。[②]

---

① 参见李洁：《论罪名间法定刑的平衡》，载高铭暄、赵秉志主编：《刑法论丛》（第 7 卷），北京：法律出版社，2003 年。

② 参见覃祖文：《论法定刑设置的根据及我国法定刑设置的缺陷》，载《广西政法管理干部学院学报》，1999 年第 3 期。

其实，稍加留意我们就会发现在侵犯财产犯罪中，一些具体犯罪的法定刑不平衡的情况随处可见。在具备“数额较大”或“数额巨大或者有其他严重情节”的情况下，盗窃罪、诈骗罪和敲诈勒索罪的法定刑中的自由刑是完全相同的，而盗窃罪和诈骗罪中还规定有“并处罚金”。由于敲诈勒索罪既侵犯了公私财产所有权，也侵犯了他人的人身权利，在其他情节相同或相似的情况下，应当认为敲诈勒索罪所显现的危害性程度要大于仅仅侵犯财产权益的盗窃罪和诈骗罪。从“法益保护之优先性”来考量，以上三罪中的罪刑关系难谓合理。由于有的犯罪法定最低刑过高，导致对该罪可能出现的较低的社会危害性之情形刑罚过量，同时也造成与一些侵害法益相同或相似的犯罪的法定刑不相协调。例如，刑法第 239 条规定的绑架罪，其法定最低刑为 5 年有期徒刑。在实践中，有的行为人绑架他人勒索财物，绑架时间较短，既未勒索到财物，亦未对被害人造成任何人身伤害，对其处以 5 年以上有期徒刑显然有轻罪重刑之嫌。这种情形的绑架罪与一般的非法拘禁罪的社会危害性差别不大，而根据我国刑法第 238 条的规定，非法拘禁罪一般是处 3 年以下有期徒刑、拘役、管制或者剥夺政治权利。其实，综合考量司法实践中出现的一些绑架罪的情节，情节较轻的绑架罪其危害性程度与非法拘禁罪也未见明显差异，但在刑罚裁量上也会出现不平衡之状况。

2. 侵犯的法益不同而法定刑相同或相似

侵犯的法益不同的犯罪，综合考量其社会危害性程度，如果相接近，其法定刑相同或相似，这从理论上说也不违背罪刑关系合理性的要求。但我国刑法中，一些犯罪由于侵害的法益相异，其社会危害性程度之差异也甚为明显，而其法定刑却是相同或相似的。这种相同或相似主要有两方面表现：其一，侵犯财产犯罪与侵犯公民生命权的犯罪的法定刑尤其是法定最高刑相同。如故意杀人罪的法定最高刑是死刑，而不以剥夺他人生命为内容的侵财犯罪，如盗窃罪、贪污罪、一些经济诈骗罪的法定最高刑也是死刑。其二，在同罪中，将财产损失与人身伤亡并列，适用相同的法定刑。这种规定主要有以下几种情况：第一，明文规定以致人重伤、死亡或使公私财产遭受重大损失作为成立犯罪的重要依据。如刑法第338条规定，违反国家规定，向土地、水体、大气排放、倾倒或者处置有放射性的废体、有毒物质或者其他危险废物，造成重大环境污染事故，致使公私财产遭受重大损失或者人身伤亡的严重后果的，构成重大环境污染事故罪。第二，明文规定以致人重伤、死亡或使公私财产遭受重大损失作为加重性犯罪的成立条件，如刑法危害公共安全罪中的放火、决水、爆炸、投放危险物质等以危险方法危害公共安全的犯罪、抢劫罪等，采用此类规定方式。第三，规定后果严重作为犯罪成立条件或加重犯罪的成立条件，而在法条适用的解释上，认为这种严重后果包含着人员伤亡和重大财产损失。这样的规定比较多，如在危害公共安全的一些犯罪、生产销售伪劣产品的犯罪、妨害社会管理秩序罪、危害国防利益罪、渎职罪、军人违反职责罪等类犯罪中，都有这种规定方式。例如，刑法第118条第2款规定，破坏交通工具、交通设施、电力设备、易燃易爆设备，造成严重后果的，处10年以上有期徒刑、无期徒刑或死刑。这里的严重后果，显然包括人员伤亡和财产损失。①

3. 对法律所欲保护的法益价值之轻重认识不足，导致犯罪间法定刑设置缺乏协调

法定刑的高低并不能仅为抗制个罪而设立，在刑事立法上，不应忽视刑事制裁的体系关系，否则将在该犯罪未能有效抗制之前，即先尝到价值倒置与混乱的恶果。如依据我国刑法的规定

① 参见李洁：《论罪名间法定刑的平衡》，载高铭暄、赵秉志主编：《刑法论丛》（第7卷），北京：法律出版社，2003年。

（结合相关的司法解释），故意伤害（未致重伤）最高科处 3 年有期徒刑，而盗窃公私财物价值 5000 元至 20000 元以上的却处 3 年以上 10 年以下有期徒刑，如此形成了人的价值不如财产的后果。再如，侵财犯罪中的盗窃罪，行为人窃取公私财物数额较大即可构成盗窃罪而受到刑事处罚。根据最高人民法院 1997 年 11 月 4 日《关于审理盗窃案件具体应用法律若干问题的解释》，盗窃公私财物价值人民币 500 元至 2000 元以上的，为“数额较大”（此外，根据最高人民法院、最高人民检察院、公安部 1999 年 2 月 4 日《关于铁路运输过程中盗窃罪数额认定标准问题的规定》，在铁路运输过程中盗窃公私财物的，其“数额较大”以 1000 元为起点）。而贪污罪既是侵财犯罪，同时也是国家工作人员的职务犯罪，但依据立法规定，一般情况下个人贪污数额在 5000 元以上的才构成贪污罪（司法实践中，行为人受到刑事追究的数额标准远远超过了 5000 元）。贪污罪侵害的法益具有双重性，“一方面是国家工作人员职务行为的廉洁性；另一方面是公共财物的所有权。国家工作人员利用职务上的便利，侵吞、窃取、骗取或者以其他手段非法占有公共财物的行为，既使得国家对其职务行为廉洁性的期待落空，也使得公共财物的占有被非法转移，所以具有比普通侵犯财产罪更严重的危害”。[①] 由此看来，现行刑法对盗窃罪和贪污罪法定刑的规定显然有悖于罪刑关系合理性之要义。

4. 故意犯罪与过失犯罪的法定刑缺乏协调

故意和过失均统一于罪过的概念之下，所以两者具有相同之处：故意与过失都是认识因素和意志因素的统一，都说明行为人对法益的保护所持的背叛态度。但是，故意与过失又是两种不同的罪过形式，各自的认识因素与意志因素的具体内容不同，过失

① 周光权：《刑法各论讲义》，北京：清华大学出版社，2003 年，第 511 页。

所反映的非难可能性明显小于故意，所以刑法对过失犯罪的规定不同于故意犯罪。首先，在刑事立法的发展过程中，犯罪过失是以其所导致的危害社会的结果引起立法者注意的，过失犯罪均以发生危害结果为要件。而故意犯罪并非一概要求发生危害结果。其次，刑法规定“过失犯罪，法律有规定的才负刑事责任”，“故意犯罪，应当负刑事责任”，这体现了刑法以处罚故意犯罪为原则，以处罚过失犯罪为特殊的精神，说明刑法分则没有明文规定的犯罪只能由故意构成。[①] 如前文所论，行为的社会危害性之程度受到主客观因素的共同影响，罪过的形式与内容不同，反映出主体对法益的不同心理态度。就对法益的侵害性来看，在法益性质和行为危害结果等情节趋同的情况下，相对于过失犯罪来说，刑法应对故意犯罪规定更为严厉的法定刑。我国刑法分则条文，仍存在一些将故意犯罪与过失犯罪规定在同一法条中而适用相同法定刑的情况。例如刑法第 397 条规定，国家机关工作人员滥用职权或者玩忽职守，致使公共财产、国家和人民利益遭受重大损失的，处 3 年以下有期徒刑或者拘役；情节特别严重的，处 3 年以上 7 年以下有期徒刑。该规定即包括了两个具体罪名：滥用职权罪和玩忽职守罪。滥用职权罪和玩忽职守罪虽然都属于一般国家机关工作人员的渎职犯罪，两罪侵害的法益都是国家机关的正常活动，但两罪的主观方面是不同的。其中，滥用职权罪的主观方面为故意，行为人明知其不法行使职务上的权限之行为会发生破坏国家机关的正常活动，损害公众对国家机关工作人员职务活动的合法性、客观公正性的信赖和期待的危害结果，并且希望或者放任这种结果的发生。而玩忽职守罪的主观方面必须出于过失，行为人作为国家机关工作人员理应恪尽职守，在履行公职中时刻保持必要注意，但行为人却持一种过失的心态，即应当预

---

① 参见张明楷：《刑法学》，北京：法律出版社，2003 年，第 239—240 页。

见自己严重不负责任、不履行职责或者不正确履行职责的行为可能发生使公共财产、国家和人民利益遭受重大损失的危害结果，因为疏忽大意没有预见，或者已经预见而轻信能够避免。这种将故意犯罪和过失犯罪规定在同一法条中并适用同一法定刑的立法模式（故意罪与过失罪同罚）既不利于法益的保护，也不符合罪刑关系合理性的要求。再如，刑法第 398 条规定的故意泄露国家秘密罪和过失泄露国家秘密罪、刑法第 432 条规定的故意泄露军事秘密罪和过失泄露军事秘密罪均是如此。故意犯罪与过失犯罪同罚的法条规定的罪名还有玩忽职守造成破产、严重损失罪，滥用职权造成破产、严重损失罪，徇私舞弊造成破产、亏损罪，徇私舞弊低价折股、出售国有资产罪等。

三、犯罪情节细密化与法定刑罚精确化

（一）犯罪情节细密化

在本书第二章中，笔者已对犯罪情节的立法完善问题作了研析。犯罪情节包括定罪和量刑情节。定罪情节是具有犯罪构成事实的意义，能说明犯罪的基本性质和事实情况的事实因素。需要进一步明确的是，量刑情节，是指在人民法院在对犯罪人量刑时据以处罚轻重或者免除处罚的主客观事实情况。它具有四个基本特征：（1）量刑情节是定罪情节以外的表明行为社会危害性和行为人人身危险性及其程度的主客观事实情况；（2）量刑情节不仅包括部分罪中情节而且还包括罪前情节和罪后情节；（3）量刑情节只能以所定之罪的法定刑为自己发挥作用的范围或基础；（4）量刑情节是犯罪分子落实刑事责任和实现刑罚个别化的根据。定罪情节与量刑情节在刑事司法活动中具有不同的功能和作用，两者的主要区别可归纳为如下三点：（1）定罪情

节是犯罪构成要件所涵盖的内容和行为成立某种犯罪的事实根据，它表明并揭示该种犯罪的共性；而量刑情节则表明个案之间的特点和差异，揭示同种犯罪中不同案犯的个性。（2）定罪情节不仅决定具体犯罪的性质，而且决定对该种犯罪追究刑事责任的统一标准和范围，同法定刑有必然的联系；而量刑情节则以某种法定刑为适用的前提和基础，是刑罚个别化的唯一根据，同宣告刑有着必然的联系。（3）定罪情节只限于罪中情节，外延比较狭窄；而量刑情节则包括罪中情节、罪前情节和罪后情节，外延比较宽。① 由于定罪并确定相应的法定刑是量刑的前提和基础，定罪情节决定该种犯罪法定刑配置的统一标准和范围，所以定罪情节的科学界定对建构合理的罪刑关系无疑具有重大意义。而量刑情节是反映罪刑轻重以及行为人的人身危险程度，从而影响刑罚轻重的各种情况。量刑情节是法院选择法定刑与决定宣告刑的依据，在一个犯罪具有几个层次的法定刑时，应当根据刑法规定的情节选择法定刑。因此，量刑情节的厘定对于实现罪刑关系合理也事关重大。“由于我国以往在刑事立法中奉行宁粗勿细、宁疏勿密的原则，因而刑法条文粗疏之处所在多有。由于刑法条文的粗疏，严重地影响了司法机关正确地适用刑法。为了给司法机关提供一套严密的规范体系，在刑事立法上使犯罪情节细密化就显得十分重要。犯罪情节细密化的基本要求是：减少模糊性，增加确定性；减少酌定性，增加法定性。”②

1. 应更多采用列举性规定，增加犯罪情节立法规定的明确性

犯罪情节立法规定的明确性是限制国家权力、保障国民自由

① 参见高铭暄、马克昌主编：《刑法学》，北京：北京大学出版社，2000 年，第 267 页。

② 陈兴良：《本体刑法学》，北京：商务印书馆，2001 年，第 118 页。

的需要。不明确的刑法不具有预测可能性功能，国民在行为前仍然不明白其行为的法律性质，于是造成国民行为萎缩的效果，因而限制了国民的自由。随着社会的复杂化，法定犯（行政犯）日益增多，不明确的刑罚法规对国民预测可能性的侵害便越来越严重。而且，不明确的刑法还为国家机关恣意侵犯国民的自由找到了形式上的法律根据。[①] 明确性与模糊性相对，明确是对事物不稳定、不确定的认识。明确性是“非此即彼”，而模糊性是“亦此亦彼”。罪状设计要尽量采用明确性的用语，并且各国刑法中罪状表述的主要形态也是明确性概念。[②] 我国现行刑法在一些罪刑规范中依然采用情节严重、情节较轻、黑社会性质、称霸一方、为非作恶等模糊性术语，这些表述由于缺乏确切内容，极易使法定刑立法及适用失去统一的标准。因此，立法机关在设计罪刑规范时，应注意总结刑事司法实践经验，提高立法技术，采用具有确定内容的法言法语，更多地采用列举性规定，慎用“兜底性”的规定，以增加犯罪情节立法的确切和可操作性。

2. 应加速酌定情节法定化的立法进程

根据不同的标准，可以对量刑情节作不同层次的分类。其中，以刑法是否就量刑情节及其功能作出明确规定为标准，量刑情节可分为法定情节和酌定情节。法定情节，是指刑法明文规定的在量刑时应当予以考虑的情节。酌定情节，是指人民法院从司法实践经验中总结出来的，在量刑过程中灵活掌握、酌情适用的情节。酌定情节虽然不是刑法明文规定的，但却是根据刑事立法精神和有关刑事政策，从刑事审判实践中总结出来的。如前文所述，从量刑情节的实际作用考察，量刑法定情节与酌定情节相比

① 参见张明楷：《刑法学》，北京：法律出版社，2003 年，第 62 页。

② 参见宗建文：《刑法分则的修改：以犯罪构成结构论为视角的分析》，载陈兴良主编：《刑事法评论》，北京：中国政法大学出版社，1999 年，第 16 页。

较，法定情节由于是立法者认可并明文规定的，对于法官量刑更具有制约性。而酌定情节由于法无明文规定，因而在适用上具有一定的随意性。在条件成熟以后，应当尽可能把那些较为定型的酌定情节予以法定化。应当说，量刑情节法定化，也是各国刑法发展的共同趋势。加速酌定情节法定化的过程，能够为罪刑关系合理性的实现提供法律保障。

（二）法定刑罚精确化

根据立法实践，刑法理论上以法定刑的刑种、刑度是否确定以及确定的程度为标准，将法定刑分为绝对确定的法定刑、绝对不确定的法定刑和相对确定的法定刑。由于相对确定的法定刑有确定的刑种和刑度，适应犯罪的复杂性和惩罚犯罪的需要，有利于实现罪刑关系的均衡、合理。因而，这种法定刑被我国刑事立法所采用。我国有学者认为，从我国现行刑法的规定来看，存在量刑幅度过大的问题，而且从重、从轻或减轻处罚的规定也过于笼统，缺乏精细性。为此，可以通过建立量刑格的办法加以解决，即在法定刑的刑种间或幅度内划分出一定数量的等级，使原来的跨度过大的刑种或刑度划分成若干的量刑格，以便于法官根据犯罪的实际危害程度来选择某一量刑格作为宣告刑。由于量刑格在一定程度上限制了法官自由裁量权的任意发挥，法官只能根据犯罪的法定情节和酌定情节逐格选择适当的宣告刑。当法官的自由裁量权失控，他所选择的宣告刑便会在量刑上出现越格现象。刑法在规定减轻或加重时，可以根据各种不同的情节，分别规定减轻或者加重一定的等级，从而使量刑更加精确化，以便实现罪刑均衡。① 以上学者关于建立量刑格的建议，有利于改变我

① 参见陈兴良：《本体刑法学》，北京：商务印书馆，2001 年，第 118—119 页。

国目前法定刑幅度过大的缺陷。在我国唐律中曾有过类似于量刑格的“等差制”规定，诸如罪加一等、罪减一等即是等差制的适用。笔者认为，由于罪的多样性和刑的相对单一性的事实，对我国的有期徒刑设定一定的等级即所谓量刑格的建议具有一定的合理性和可行性。笔者通过对法定刑的设置与罪刑关系合理性实现关系的思考，对我国法定刑立法和完善提出以下三点建议。

1. 罪刑规范中应设立一罪一刑，取消援引性的法定刑

援引法定刑是刑法条文对某些犯罪规定援引其他条款的法定刑处罚。一般认为，“被援引其他条款的法定刑处罚的犯罪与其他条款所规定的犯罪在社会危害性质和程度方面通常比较最相类似。这是援引法定刑存在的客观依据。此外，援引法定刑的规定可以使法律条文更加简练。目前，我国颁布的一些非刑事法规中的刑法规范多采用此种形式的法定刑”。[①] 我国现行刑法中也还存有援引法定刑的条文，笔者认为，在我国刑法规定的具体犯罪中，要找出侵犯法益相同、法益侵害性及行为样态与危害性之关系最相类似的两种犯罪甚难，由此可以认为我国刑法中援引法定刑存在的客观根据是不可靠的。如受贿罪援引贪污罪的法定刑的立法模式即是一个很不成功的立法例。

2. 强化主刑与附加刑之和的“刑量”对称犯罪之“罪量”的观念

在对具体犯罪配置法定刑之时，应在充分估量各罪危害性的基础上设置相对应的刑种及刑度。刑称其罪中之刑当然包括主刑和附加刑，罪刑相当要求主刑与附加刑之和形成的“刑量”应对称犯罪之“罪量”。在我国罪刑关系规范立法中，一些犯罪既配置了主刑，亦规定了附加刑，而且一些附加刑的规定是必并

① 何秉松主编：《刑法教科书》（下卷），北京：中国法制出版社，2000 年，第 650 页。

制。这种法定刑模式应体现主刑与附加刑之间的“此消彼长”的关系。对此，应加强主刑与附加刑“可比性”的研究，在没有对主刑与附加刑关系充分研究的情况下，要使立法上达到罪刑关系合理也是难以做到的。

3. 减轻处罚制度的司法适用

根据刑法第63条第1款规定，减轻处罚是“应当在法定刑以下判处刑罚”，由于刑法第99条规定，本法所称以上、以下、以内，包括本数。为了避免出现减轻处罚与从轻处罚产生交叉的情形，减轻处罚应理解为判处低于法定最低刑的刑罚。减轻处罚有两种情况：一是具有法定的减轻处罚情节时予以减轻处罚；二是犯罪人虽然不具有刑法规定的减轻处罚情节，但是根据案件的特殊情况需要减轻处罚时，经最高人民法院核准，也可以减轻处罚。对于后一种情况，在适用范围和适用程序上予以限制，显然是为了防止量刑失当，有利于维护法律的严肃性。

减轻处罚不是背离法定刑，而是以法定刑为基准而适用于具有减轻情节的犯罪人。法定刑反映出国家对犯罪的危害程度的评价。如前文所述，因为具体犯罪法定刑的确定，是以通常情况下该犯罪的危害可能达到的最高限度和最低限度为依据的。如果国家认为某种犯罪的危害程度大，就会规定较重的法定刑；反之，如果国家认为某种犯罪的危害程度较小，就会规定较轻的法定刑。如果形势发生变化，某种犯罪的危害程度也发生变化，原来的法定刑显得过重或者过轻，国家就会修改法定刑，使重新确定的法定刑与该罪的危害程度相适应。因此，国家对具体犯罪规定的法定刑，实际上是从刑事立法上实践罪刑相适应的原则。应当强调，刑事立法上的罪刑关系合理，是刑事司法上的量刑公正的前提。这一方面表明，如果法定刑与犯罪不相适应，刑事司法上就不可能做到罪刑均衡；另一方面表明，法定刑是人民法院量刑的法律依据，即在通常情况下，人民法院只能在法定刑的范围内选择与犯罪相适应的刑种与刑度。在法律有减轻的特别规定时，人民法院的量刑可以低于法定刑，但这种减轻仍应以立法上对具体犯罪配置的法定刑为依据，而不是摆脱相应法定刑的规定任意减轻。[①] 我国立法上规定的减轻处罚制度旨在保障罪责衡平，其在司法实务中的合理适用无疑对于量刑公正的实现具有重大的意义。

在适用减轻处罚情节时，可根据法定最低刑的不同情况，判处低于法定最低刑的不同刑种，或者判处低于法定最低刑的刑期。前者如法定最低刑是拘役的，可以减轻判处管制，后者例如法定最低刑为 3 年有期徒刑的，可以减轻判处低于 3 年有期徒刑。对于一些犯罪中规定了多个刑种及量刑幅度的情况，减轻处罚应如何适用？对此，我国学界主流观点认为，“法定刑与刑种不是等同概念，一个法定刑中既可能只有一个刑种，也可能包括几个刑种。例如，刑法第 232 条规定的故意杀人罪，共有两档法定刑，第一档法定刑为死刑、无期徒刑或者 10 年以上有期徒刑，其中包含了三个刑种，但应认为只是一个法定刑，而不能认为其中有三个法定刑。因此，当适用这一法定刑减轻处罚时，只能判处低于 10 年有期徒刑的刑罚。判处死缓、无期徒刑或者 10 年以上有期徒刑时，不属于减轻处罚。”[②] 对这种见解，笔者持有异议，依此观点适用减轻处罚存在两个问题：一是对法定刑概念的理解失之狭隘；二是导致司法实务中量刑失当，甚至出现刑罚裁量畸轻畸重的不公平后果。以笔者之见，虽然法定刑是刑法分则条文对具体犯罪所确定的刑种与刑度，但法定刑既不等同于刑种，也不是必然包括刑种和刑度。立法机关对具体犯罪配置法定刑旨在表明罪与刑的质的因果性联系和量的相对称关系。在我国

---

① 参见张明楷：《刑法学》，北京：法律出版社，2003 年，第 515 页。

② 张明楷：《刑法学》，北京：法律出版社，2003 年，第 515 页。

刑法规定的五种主刑中，管制、拘役、有期徒刑三种主刑均有法定的最低限度和最高限度，也是说，管制刑、拘役刑和有期徒刑是有刑罚幅度的刑种，而无期徒刑及死刑则是无刑罚幅度的主刑，但我们却不能因此认为无期徒刑与死刑只是刑种而不能成为法定刑。其实，笔者这一见解也能被理论上认可的绝对确定的法定刑的概念所佐证。如有观点认为，我国现行刑法分则中没有绝对不确定的法定刑，但存在少量的绝对确定的法定刑。我国刑法中的绝对确定的法定刑均是相对于特定犯罪的具体情形而言的，而不是对某种犯罪的所有情况都适用。例如，刑法第 121 条规定，劫持航空器，致人重伤、死亡或者使航空器遭受严重破坏的，处死刑。刑法第 239 条第 1 款后半段规定，致被绑架人死亡或者杀害被绑架人的，处死刑，并处没收财产。刑法第 240 条规定，拐卖妇女、儿童，情节特别严重的，处死刑，并处没收财产。这些规定即是绝对确定的法定刑。[①] 按照学界主流观点及司法实务部门的通常做法适用减轻处罚，其刑罚裁量效果可能有悖于罪刑相适应原则。以故意杀人罪为例，如有两个被告人共同实施情节严重的故意杀人犯罪，第一被告既是主谋亦是主凶，另一被告只是主凶之一，虽然相比较而言，第一被告之罪刑应重于第二被告，但根据罪前情节和罪中情节，两被告均应杀无赦，但由于第一被告具有自首和重大立功表现的情节，根据我国刑法第 68 条第 2 款的规定，犯罪后自首又有重大立功表现的，应当减轻或者免除处罚。若依照理论通说及司法实务中的习惯做法，对本案第一被告适用减轻处罚，对第一被告的宣告刑仅为 10 年以下有期徒刑，两被告量刑结果的巨大悬殊显然已导致量刑失衡。还应注意的是，在实践中，还存在大量的“可以减轻处罚”的

① 参见高铭暄、马克昌主编：《刑法学》，北京：北京大学出版社，2000 年，第 339 页。

适用而导致量刑不公正的案件。

毋庸讳言，诸如“10年以上有期徒刑、无期徒刑或死刑”（或死刑、无期徒刑或者10年以上有期徒刑）的刑罚配置模式，因为存在量刑幅度过大，极易使量刑失去统一的标准。这也是不符合法定刑罚精确化要求的。立法上对各种具体犯罪配置轻重不等的法定刑，法官只有在正确定罪的基础上，才能找准相应的法定刑；只有找准了与犯罪情节相对应的法定刑，才能在它的范围内求解宣告刑的最佳适度。为了探索一种既能有效避免量刑不公正，杜绝畸轻畸重，又不违背法定刑这一概念内涵的量刑方法，笔者主张，在如“死刑、无期徒刑或者10年以上有期徒刑”的刑罚配置模式中，共有三档法定刑，而不是一档法定刑。如此理解，对于上述案例中应判死刑的被告，在适用减轻处罚时，其宣告刑只能是无期徒刑，而不是仅仅数年的有期徒刑。

在减轻处罚的适用中，减轻处罚的幅度是否应有限制也是一个值得探讨的重要问题。从现行立法对减轻处罚的规定观之，应当认为，立法上对减轻处罚适用中之减轻的幅度未作限制性规定。但由此认为，减轻处罚的幅度的确定完全由法官任意裁量的观点是不可取的，如前文所述，立法上规定减轻处罚旨在保障罪责衡平，实现量刑公正。从我国现行刑法的规定来看，主要有以下减轻处罚的量刑情节的规定：1. 应当减轻或者免除处罚的情节：（1）防卫过当（第20条第2款）；（2）避险过当（第21条第2款）；（3）胁从犯（第28条）；（4）犯罪后自首又有重大立功表现的（第68条第2款）。2. 应当减轻处罚的情节：造成损害的中止犯（第24条第2款后段）。3. 可以免除或者减轻处罚的情节：在国外犯罪，已在外国受过刑罚处罚的（第10条）。4. 可以减轻或者免除处罚的情节：（1）有重大立功表现的（第68条第1款后段）；（2）在被追诉前主动交代向公司、企业工作人员行贿行为的（第164条第3款）；（3）在被追诉前主动交代向国家工作人员行贿行为的（第390条第2款）；（4）在被追诉前主动交代介绍贿赂行为的（第392条第2款）。5. 应当从轻、减轻或者免除处罚的情节：从犯（第27条第2款）。6. 可以从轻、减轻或者免除处罚的情节：（1）又聋又哑的人或者盲人犯罪（第19条）；（2）预备犯（第22条第2款）。7. 应当从轻或者减轻处罚的情节：已满14周岁不满18周岁的人犯罪（第17条第3款）。8. 可以从轻或者减轻处罚的情节：（1）尚未完全丧失辨认或者控制能力的精神病人犯罪（第18条第3款）；（2）未遂犯（第23条第2款）；（3）被教唆的人没有犯被教唆的罪时的教唆犯（第29条第2款）；（4）自首的（第67条第1款中段）；（5）有立功表现的（第68条第1款前段）。笔者认为，以上立法规定的八种减轻处罚的情形，在具体适用中，减轻处罚的幅度的把握除应当根据具体案件的不同案情予以考量之外，还应当考虑立法规定方式上所体现出的差异。应区别应当减轻处罚的情节和可以减轻处罚的情节，首先，应当减轻处罚的情节，是对量刑的结果必然产生影响的情节，这些情节的立法规定，表明立法者认为，该类情节对犯罪人的罪责能够产生较大影响，只要这些情节存在，对犯罪人量刑时就必须考虑减轻处罚。可以减轻处罚的情节，是对量刑的结果产生或然影响的情节。犯罪中这些情节的存在，对量刑的结果是否产生减轻处罚的影响还应受到具体案件中其他情节的制约。从司法实践来看，犯罪中可以减轻处罚情节的存在，与犯罪的社会危害性及犯罪人的人身危险性的大小之间，并不是存在一种必然的联系。有的犯罪中减轻处罚情节的存在，确实可以使犯罪人的罪责减小，有的则不然。其次，应区别有关减轻处罚规定中的单幅度情节与多幅度情节的规定。从法定量刑情节在决定对犯罪人所处刑罚的轻重时所起的作用来看，减轻处罚情节属于从宽处罚情节，从宽处罚有三个幅度：从轻处罚、减轻处罚和免除处罚。在有关减轻处罚的规定中，有的只有一个减轻处罚的幅度，如对造成损害的中止犯应当减轻处罚的规定。这种情节即是有关减轻处罚规定的单幅度情节。有的则有两个或以上的从宽的幅度，如对胁从犯应当减轻或者免除处罚；对预备犯可以从轻、减轻或者免除处罚，这些量刑情节即属于有关减轻处罚规定的多幅度情节。在这种立法规定的方式中，除减轻处罚外，还有其他从宽处罚的幅度可供选择。笔者认为，在减轻处罚的司法适用中，应注意区别立法上对减轻处罚的规定方式。应当减轻处罚的减轻幅度应大于可以减轻处罚的幅度，对于既是减轻处罚情节也是免除处罚情节的，如适用减轻处罚，其减轻幅度应大于既是减轻处罚也是从轻处罚中的减轻处罚的幅度。比较刑法对于减轻处罚规定的方式，其减轻处罚的幅度一般应在以下规定的方式排序中由大到小来掌握：应当免除或者减轻处罚；应当从轻、减轻或者免除处罚；应当从轻或者减轻处罚；可以从轻、减轻或者免除处罚；可以从轻或者减轻处罚。

关于减轻处罚究竟减轻到何种程度为宜？刑法学界有观点认为减轻处罚的幅度应有限制。如有学者认为，减轻处罚既然是相当于加重处罚而言的，因此，可以参照加重处罚的把握方法，反其义而用之，即像加重处罚不能无限制加重，而是限于在法定刑以上一格判处一样，减轻处罚也不能无原则地减轻，而是在法定刑以下一格判处。从刑法分则规定的所有法定刑幅度来看，法定最低刑共有以下 9 种规定，即无期徒刑、10 年、7 年、5 年、3 年、2 年、6 个月有期徒刑、拘役、管制。这 9 种法定最低刑也就形成了 9 个等级，或曰 9 个格。如果某罪具有减轻处罚情节，便可以在相应的法定刑幅度的最低限以下一格判处。[①] 还有学者主张，当法定最低刑为有期徒刑时，减轻处罚原则上应有格的限

① 参见高铭暄主编：《刑法学原理》（第三卷），北京：中国人民大学出版社，1994 年，第 262 页。

制，即应以法定最低刑以下一格判处。当法定最低刑为10年有期徒刑时，减轻处罚不宜低于7年有期徒刑。但是，如果上一格与下一格之间相差期限不长，如法定最低刑是3年有期徒刑，在法定刑以下一格判处刑罚仍然过重时，也可以不受一格的限制。① 笔者同意减轻处罚原则上应有格的限制的观点。2011年2月25日全国人大常委会《中华人民共和国刑法修正案（八）》第5条规定，刑法规定有数个量刑幅度的，减轻处罚应当在法定量刑幅度的下一个量刑幅度内判处刑罚。减轻处罚在具体案件中的适用，应遵循和体现罪刑责相适应的原则，在共同犯罪的案件中，亦应考量被告人之间刑罚裁量的均衡、公正。但对于那些既作为减轻处罚也作为免除处罚适用的情节，以及法定的应当减轻处罚的情节，在适用减轻处罚时，在法定刑以下一格判处刑罚仍过重的，则不宜受制于格的限制。

应当指出，减轻处罚同样适用于附加刑。如果某罪的法定刑中，规定有附加刑，某人实施本罪后具有减轻处罚情节并拟减轻处罚，在对法定刑中的主刑予以减轻的同时，也可以对应判的附加刑予以适当减轻。因为对犯罪人所判刑罚的轻重，决定于犯罪的社会危害性与犯罪人的人身危险性的大小，而减轻处罚情节的存在恰好使犯罪的社会危害性和犯罪人的人身危险性减小了，与之相适应，应判的刑罚也应减轻。在减轻的刑罚中，自然也应当包括附加刑在内。② 笔者认为，由犯罪主客观因素所决定的“罪量”（准确地说，应当是刑事责任之轻重）应是与立法对该罪所配置的主刑与附加刑之和所形成的“刑量”相适应。因此在对主刑和附加刑均减轻处罚时应予考虑两者之间的“此消彼长”

---

① 参见张明楷：《刑法学》，北京：法律出版社，2003年，第438页。

② 参见高铭暄主编：《刑法学原理》（第三卷），北京：中国人民大学出版社，1994年，第263页。

的关系，同时，亦应考量犯罪人的“受罚能力”。此外，还应注意，附加刑的适用并不受制于主刑的减轻适用。如根据刑法第383 条的规定，个人贪污数额在 5 万元以上不满 10 万元的，处 5 年以上有期徒刑，可以并处没收财产。这种刑罚配置模式中，不能因为被告人适用的主刑减轻至 5 年以下而不适用没收财产的附加刑。

四、不同身份者的共同犯罪之定性分析

具有不同身份的人共同实施犯罪时，如何定性是一个颇受学界关注且争议较大的问题。对这一问题进行研究，不仅具有理论价值，而且对于实现罪刑关系的合理性也具有重大的现实意义。

最高人民法院 2000 年 6 月 27 日《关于审理贪污、职务侵占案件如何认定共同犯罪几个问题的解释》第 3 条规定：“公司、企业或者其他单位中，不具有国家工作身份的人与国家工作人员勾结，分别利用各自的职务便利，共同将本单位财物非法占为己有的，按照主犯的犯罪性质定罪。”该司法解释提出了身份犯的共同犯罪按照主犯身份确定罪名的原则。如果在不同身份者实施的共同犯罪中，不同身份人的作用难分伯仲，均为主犯时，适用主犯定罪原则就会形成困惑。因此，上述司法解释值得进一步商榷。身份犯的共同犯罪的性质认定问题，学界也是见仁见智。有学者认为，应以正犯的行为性质决定共同犯罪的性质，但在从不同角度观察存在不同的实行行为的情况下，即以共同犯罪的核心角色为标准确定共同犯罪的性质。核心角色与主犯不是等同概念，核心角色可谓主犯，但主犯不一定是核心角色。至于核心角色的确定，则必须综合主体身份、主观内容、客观行为以及主要的被害法益等方面考察。如在公司、企业或者其他单位中，不具有国家工作人员身份的人与国家工作人员勾结，分别利用各自的

职务便利，共同将本单位的财产非法占为己有，如果国家工作人员是核心角色，那么，其行为便构成贪污罪，非国家工作人员当然构成贪污罪的共犯。因为一般公民与国家工作人员相勾结伙同贪污者，都成立贪污罪的共犯，不具有国家工作人员身份的公司、企业人员，更应与国家工作人员构成贪污罪的共犯。反之，如果非国家工作人员是核心角色，而且不明知对方是国家工作人员，则属于部分犯罪共同，即在职务侵占罪的范围内成立共同犯罪，但是，由于国家工作人员的行为另触犯了贪污罪，故对国家工作人员的行为仍应认定为贪污罪。如果非国家工作人员是核心角色，而且明知对方是国家工作人员，则宜认定为贪污罪的共同犯罪；否则便会导致处罚的不均衡。[①] 另有学者指出，从立法上看，两个以上不同的特定身份者实施的共同犯罪案件，大致可以分为两种：（1）不同身份所构成之罪在实行行为内容方面相同或相似，但主体身份不同便构成不同犯罪。对于这种情况，应坚持如下原则定性：其一，如果是职务犯罪，应以利用了谁的职务便利为标准，兼而利用不同身份者职务的便利的，以更为特殊之身份者所构成之罪定性。其二，如果不是职务犯罪，应依更为特殊身份者所构成之罪定性。（2）不同身份所构成之罪在行为特征上完全相同。这种情况多指不同身份者的犯罪行为存在手段与目的之牵连关系的情形。对此种情况下的共同犯罪案件，关键是正确适用牵连犯的处罚原则，从一重罪对共同犯罪人定性。当所比较的各罪法定刑相同时，宜选择由目的行为构成的犯罪定罪量刑。[②] 笔者认为，上述第一种观点所主张的以正犯的行为的性质决定共同犯罪性质的观点是妥当的，而以共同犯罪的核心角色为

① 参见张明楷：《刑法学》，北京：法律出版社，2003 年，第 354 页以下。

② 参见高铭暄主编：《刑法专论》（上编），北京：高等教育出版社，2002 年，第 388 页。

标准确定共同犯罪性质的见解，与按照主犯的犯罪性质定罪的标准没有实质的差别。虽然从理论上分析，共同犯罪中主犯可以是一个以上，核心角色只能是唯一，但犯罪的复杂性决定了在一些共同犯罪案件中肯定会出现欲寻“坐第一把交椅”之“核心角色”不易的情况，也就是说，核心角色决定罪质的观点亦潜存了主犯决定论中固有的缺陷，这一标准所具有的可操作性是应当受到质疑的。应当认为，上述第二种观点所主张的重点考察“职务便利”及坚持“从一重处”的原则的见解具有一定的合理性。以利用谁的职务便利为标准定性较为符合职务犯罪的本质特征，“从一重处”的原则定罪可以有效避免重罪轻罚。但若对这一观点仔细推敲，也尚有进一步完善之必要。因为依照这种观点，前述司法解释中所规定的情形属于兼而利用不同身份者职务便利的，应以更为特殊之身份者所构成之罪定性，即是以贪污罪对各共同犯罪人定性。此种观点所主张的定罪原则可能会面临两个需要进一步思考的问题：一是以更为特殊之身份者所构成之罪定性的法理依据何在？二是身份更为特殊的标准如何界定？关于不同身份者实施的共同犯罪的定性问题，笔者拟从解释论和立法论两个层面予以研析。

立足于现行立法规定，从解释论角度析之，笔者认为对不同身份者实施的共同犯罪的定性应分别确立以下标准：首先，应考虑以实行行为来认定共同犯罪的犯罪性质。实行行为与被害法益是直接相连的，而法益性质决定罪质。此外，实行行为显然也是与实行行为之人的职务便利相关联。刑法理论通常认为，定罪是根据实行行为来认定，共同犯罪中，行为人实行何种行为，就应认定行为人构成何种犯罪。其次，应考虑实行行为的主次关系。当不同身份者实施的共同犯罪中存在两个或两个以上实行行为时，则应以主要实行行为来认定共同犯罪的性质，在这类案件中，次要实行犯的实行行为对主要实行犯的实行行为仅起到了一定的帮助作用，主要实行犯的行为与法益被侵害的结果之间表现了质的因果联系。这种案件主要是利用了主要实行犯的职务便利而实施犯罪造成的，也是主要实行犯的职务与犯罪最紧密。最后，不同身份者实施的共同犯罪中，如果实行行为的主次关系不易区分，或者说，从对法益被侵害的原因力上看，两个或两个以上的行为作用相当，则应分别定性，即根据犯罪主体的不同而区别定罪。其实，我国刑法理论及司法实务排斥异种罪名的共同犯罪的做法是不可取的。以笔者之见，行为人实施的行为是否构成共同犯罪是一种事实的判断，而罪名只是一种规范评判。值得注意的是，我国也有学者肯定对不同身份实施的共同犯罪以各自的身份定罪的合理性。如有学者认为，对身份犯的共同犯罪分别定性，主要是考虑到犯罪主体是不同的身份，法律规定了不同的刑罚，不能以国家工作人员的犯罪提高非国家工作人员的刑事责任，更不能以非国家工作人员的犯罪放纵了国家工作人员犯罪。在理论上，一个共同犯罪确定了两个罪名，总是觉得不符合我们以往的司法实践和一般认识。但是，在实践中，像我国台湾地区刑法，儿子和同学共谋杀死自己的父亲，即是共同杀人，但是两个罪名，分别构成杀害亲属罪和杀人罪。也就是说，我国台湾地区的司法实践有这么做的，其他国家也有这样做的。如此认定，在定罪处刑上，根据现有的刑法，更容易做到罪刑相适应，体现立法的本意。[①] 一个共同犯罪确定两个罪名也是具有理论依据的。与一人独立实施犯罪的单独犯不同，共犯的特点在于两个以上行为人的共同犯罪。两个以上行为人在实施犯罪中具有“共同”关系，是构成共犯的要件。怎样才是“共同”，共同犯罪是否以符合一个犯罪构成为前提？国外刑法理论上存在犯罪共同说

---

① 参见陈兴良、郎胜、姜伟、张军：《刑法纵横谈》，北京：法律出版社，2003 年，第 286 页。

与行为共同说之争。犯罪共同说是客观主义的共犯理论，这种学说，根据犯罪的本质为侵害法益的客观事实，认为共犯是两个以上共同对同一法益实施犯罪的侵害。换言之，共犯是两个以上有刑事责任能力的人共同参与实施一个犯罪。所谓“共同”，就是以犯同一犯罪的意思，对同一犯罪事实的协同加功。行为共同说属主观主义的共犯理论。这种学说从犯罪是犯人恶性的表现的观点出发，认为共犯中的“共同”关系，不是两人以上共犯一罪的关系，而是共同表现主观恶性的关系，所以共犯应理解为两人以上基于共同行为而各自实现自己的犯意。只要行为共同，不仅共犯一罪可以成立共犯，即使各自实施不同的犯罪，也不影响共犯的成立。行为共同说只从行为人的主观方面来区别正犯与共犯，而不考虑它们在客观方面的区别，这就必然导致对正犯与共犯区分的随意性，从而不可能对正犯与共犯作出科学的划分。行为共同说显然不符合我国刑法所规定的“共同故意犯罪”的要求。犯罪共同说旨在限定共同犯罪的成立范围，但其只以客观方面的一个要件来说明共犯的成立及共犯者的区分，实属以偏概全，自然难以得出正确的结论。尽管如此，犯罪共同说的历史贡献是主要的，后来在其基础上发展形成的部分犯罪共同说在西方刑法学者中颇具影响，至今仍受到不少学者的支持。① 日本学者大冢仁教授指出，“犯罪共同说以前认为共同正犯是共同实施一个而且同一的故意犯。但是，在今日并非是这样限定地解释，而是认为二人以上者共同实行某犯罪就能够成立共同正犯，并且，在二人以上者共同实施跨越不同构成要件地行为时，一般认为，在这些构成要件是同质的并且重合的时候，在其重合的范围内成

① 参见马克昌：《比较刑法原理》，武汉：武汉大学出版社，2002 年，第 652 页以下。

立共同正犯。”① 根据部分犯罪共同说，二人以上虽然共同实施了不同的犯罪，但当这些不同的犯罪之间具有重合的性质时，则在重合的限度内成立共同犯罪。例如，甲以杀人的故意、乙以伤害的故意共同加害于丙时，只在故意伤害罪的范围内成立共犯。但由于甲具有杀人的故意与行为，对甲应认定为故意杀人罪（不成立数罪）。再如，甲邀约乙为自己的盗窃行为望风，乙同意，并按约定前往丙的住宅外望风。但甲在盗窃时，为窝藏赃物、抗拒抓捕或者毁灭罪证而当场使用暴力或者以暴力相威胁，乙却对此一无所知。显然，甲的行为构成抢劫罪。如果否认甲与乙成立共同犯罪，则意味着对乙的行为不能作为犯罪处理。按照部分犯罪共同说的主张，甲与乙在盗窃罪的范围内成立共同犯罪，对乙必须追究盗窃罪的刑事责任，但由于甲的行为成立抢劫罪，故对甲的行为只能认定为抢劫罪。② 上文中笔者以较多的篇幅论述刑法理论上关于共犯本质的学说，旨在说明，共同犯罪应当包括同种罪名的共同犯罪和异种罪名的共同犯罪。关于共犯本质的部分犯罪共同说不仅可以合理认定现实中的非身份犯的共同犯罪，也能成为身份犯的共同犯罪确定相异罪名的法理依据。还应指出，根据部分犯罪共同说，只要两人以上就部分犯罪具有共同的行为与共同的故意，便成立共同犯罪；在成立共同犯罪的前提下，又存在分别定罪的可能性。因为刑法规定的许多犯罪之间存在交叉与重叠的关系，这便导致一些罪与罪之间具有部分重合性质，当重合的部分本身也是刑法所规定的一种犯罪时，就说明两人以上就重合的犯罪具有共同故意与共同行为。③ 据此分析，

---

① ［日］大冢仁：《刑法概说》（总论），冯军译，北京：中国人民大学出版社，2003 年，第 241 页。

② 参见张明楷：《刑法学》，北京：法律出版社，2003 年，第 315 页以下。

③ 参见张明楷：《刑法学》，北京：法律出版社，2003 年，第 317—318 页。

若想以部分犯罪共同说作为身份犯共同犯罪分别定性的理论依据，在具体案件中还应进一步分析不同身份主体所实施的犯罪行为之间所具有的重合性质的情况。就前文所引用的司法解释的规定来看，职务侵占罪与贪污罪具有重合性质的行为只能是职务侵占，根据我国刑法的规定，对国家工作人员之“职务侵占”，应评价为贪污罪。

从立法论的视角分析，以我国刑法规定的职务侵占罪和贪污罪为例。职务侵占罪的罪名是1997年刑法修订时新增加的罪名。刑法原没有规定这种罪名，按照刑法原规定，其中绝大部分的犯罪行为要定为贪污罪。1995年2月28日全国人大常委会颁布了《关于惩治违反公司法犯罪的决定》中补充规定有企业职工侵占本单位的财物罪。现行刑法在其基础上进一步作了修改，主要是扩大了犯罪主体和犯罪对象的范围：犯罪主体由原来的公司、企业职工扩大到公司、企业或者其他单位的人员，即只要是单位的人员，都可以构成职务侵占罪的主体；犯罪对象由公司、企业的财物扩大到本单位的财物。这样的规定，使职务侵占罪的适用范围更广泛，缩小了刑法原规定的贪污罪的适用范围。根据刑法第271条第1款规定，职务侵占罪是指公司、企业或者其他单位的工作人员，利用职务上的便利，将本单位财物非法占为已有的行为。显然，职务侵占犯罪是行为人利用职务或者职业的便利，采取窃取、侵吞、骗取、私分等方法占有单位财产的行为。在现行刑法修订以前，一般将这种行为认定为贪污罪或者盗窃罪，按这两种犯罪追究刑事责任。从刑法对职务侵占罪与贪污罪的立法规定来看，两罪在利用职务之便、犯罪目的和手段行为样态上都有相同之处。随着我国政治体制和经济体制改革的推进，为了完善罪刑关系规范，有效惩治犯罪，避免引起不必要的案件定性的争议，依笔者之见，可以考虑将贪污罪和职务侵占罪整合为一个罪名，具体罪名的确定可进一步研究。为了体现对国家工作人员更严格的职务廉洁性要求，在法定刑的设置上，可以规定对国家工作人员从重处罚或者制定单独的加重法定刑。笔者认为，这种立法模式同样也能成为解决公务贿赂和商业贿赂等犯罪问题的一个途径。按照此种立法思路，不仅消除了不同身份主体共同实施职务犯罪的定性不当，也会使对此类犯罪的量刑更为合理。

五、减轻犯和加重犯立法之完善

前文中，笔者已对我国刑法分则中规定的减轻犯和加重犯进行过一般性的论述。

减轻犯是指罪刑关系规范以基本犯为基准规定了减轻情节与较轻法定刑的犯罪。我国刑法分则中规定减轻犯的条款不多，分析其原因，笔者认为，这与立法者对激励性的刑法规范的建构重视不够有直接的关系。重视激励性的刑法规范的制定，改革具体犯罪罪刑关系中列举从重处罚及加重情节的偏一做法，对一些犯罪中出现的典型的可以或者应当从轻、减轻处罚的情节亦应列举，这对于实现罪刑关系的合理性、最大限度地保护法益均具有重要的现实意义。①

虽然立法者更为重视威慑性的刑法规范的制定，但我国刑法典除在总则部分规定了一些富有激励作用及促进机能的刑罚制度外，分则中也规定了若干富有激励功效的条款。如刑法第 241 条

① 我国徽州商业鼎盛时期，徽州商人因长时间离家外出经商，一些商人的妻子由于难耐寂寞而“红杏出墙”，这些商人知情后甚是气愤，某些商人即用家规严惩其妻的不忠行为，但这些“家庭暴力”未能使商人妻子们忠实于丈夫。之后，商人们即调整思维方式，对能够忠实于丈夫的妻子建立“贞节牌坊”，让那些洁身自爱的女性及其家族享有很高的声誉，并以此颇为奏效地抑制了商人妻子的不忠行为。徽州古文化中，“贞节牌坊”的典故或许能给我们这样的启示：对于叛逆行为的预防效果来说，激励性的措施往往比威慑、强制性的措施更为有效。

规定：收买被拐卖的妇女、儿童，按照被买妇女的意愿，不阻碍其返回原居住地的，对被买儿童没有虐待行为的，不阻碍对其进行解救的，可以不追究刑事责任；刑法第 383 条规定：个人贪污数额在 5000 元以上不满 1 万元，犯罪后有悔改表现、积极退赃的，可以减轻处罚或者免除处罚；刑法第 392 条规定：介绍贿赂人在被追诉前主动交代介绍贿赂行为的，可以减轻处罚或者免除处罚。

美国学者约翰·列为斯·齐林在《犯罪学与刑罚学》一书中曾言："处置罪犯的任何方案，都肇始于犯罪行为的最后结果。我们不能把那些已堕落于悬崖峭壁的人们，收集起来而试行修补就引为满足。我们必须沿那悬崖建筑一座藩篱，把那源源增长的犯罪潮流在它的泉源上闭塞住，这样我们才可以为满意。"① 完善减轻犯的立法规定，对于减轻犯罪后果、预防犯罪行为人实施更为严重的犯罪的功效不可低估。基于提高立法技术和公正立法的考量，笔者提出以下几点关于完善减轻犯立法的建议：

1. 在已经实施的犯罪行为有可能产生既遂结果的情况下，如果行为人虽然采取了防止既遂犯罪结果的积极措施，但是未能阻止既遂犯罪结果的发生，或者该犯罪结果的发生是由于其他原因所致，对这种不能认定为犯罪中止的情况，应将行为人防止犯罪结果发生的这种努力上升为法定的可以从轻处罚的情形。

2. 交通肇事罪中，行为人虽然未主动投案但能积极抢救被害人的，可以作为法定从轻处罚情节。

3. 在公开型绑架犯罪中，如果绑架行为人向营救人质人员提出投降并无条件释放人质时，可以作为法定从轻或减轻处罚的

---

① ［美］约翰·列为斯·齐林：《犯罪学与刑罚学》，查良鉴译，北京：中国政法大学出版社，2003 年，第 889—890 页。

情节。①

4. 在侵犯财产犯罪中，行为人在案发前返还财产或主动赔偿被害人损失的，建议作为法定的从轻或减轻处罚情节。因为财产犯罪的客观危害主要体现在财物所有人及保管人的财产损失上，财产损害大小虽然不是判断财产犯罪社会危害性程度的唯一标准，但不失为一个最为重要的标准。既然在贪污犯罪的罪刑规范中，已把犯罪人犯罪后积极退赃规定为法定从宽处罚情节，立法更应当在侵犯财产犯罪的处罚规定中，考虑犯罪后行为人返还财物或主动赔偿损失的从宽处罚情节。

加重犯是指罪刑关系规范以基本犯为基准规定了加重情节与较重法定刑的犯罪。由于我国刑法规定加重犯的条款较多，笔者对之研析立足于检视现有规定是否科学、合理：以现有刑法对抢劫罪的加重犯之规定为例，我国刑法第 263 条对抢劫罪规定 8 种加重犯的情形。根据最高人民法院 2000 年 11 月 17 日《关于审

① 我国有学者认为，从理论上划分，对人质的劫持包括隐蔽型的劫持人质和公开型的劫持人质，公开型的劫持人质，劫持者由于劫持行为被发现，犯罪行为被迫公之于众。在公开型的劫持人质事件中，由于劫持者的犯罪行为已经暴露，一旦“撕票”，其逃脱制裁的可能性几乎为零，所以一个稍有理性的劫持者一般是不会杀害人质的。营救人质的首要出发点是保障人质的人身安全，任何营救人质策略的制定和实施都以此为根本前提。根据我国现行刑法的规定，绑架罪可处 10 年以上有期徒刑或者无期徒刑；致使被绑架人死亡或者杀害被绑架人的，处死刑，并处没收财产。投降并释放人质，是被迫作出，因此也不构成自首；量刑时，仅可作为酌定而非法定从轻情节考虑。从这些规定可以看出，警察手中握有的交换筹码是极其有限的，所以导致实践中有些警察不得不开出一些无法兑现的“空头支票”，虽然，这些“空头支票”可以起到一时一事的效果，但是，从长远来看，有可能导致整体司法信用的降低甚至丧失，使劫持者彻底对谈判失去信心，这将是十分危险的。该学者建议，为了使营救人质能够获得最大限度的成功，现行刑法对绑架罪过于严厉的规定可以作一定的修改，适当降低法定最低刑。（参见李昌盛：《营救人质衡量法律筹码》，载《法制日报》，2004 年 9 月 2 日第 11 版。）笔者认为，以上学者的立法建议具有相当的合理性，值得立法者重视。我国刑法的任务即是惩罚犯罪、保护人民，绑架犯罪中的人质的安全自应纳入刑事立法的视野。

理抢劫案件具体应用法律若干问题的解释》，“入户抢劫”，是指为实施抢劫行为而进入他人生活的与外界相对隔离的住所，包括封闭的院落、牧民的帐篷、渔民作为家庭生活场所的渔船、为生活租用的房屋等进行的抢劫的行为。立法上将“入户抢劫”作为抢劫犯罪法定刑升格的法定情形之一，从立法意图上看，立法者考虑到公民的居住安宁权之重要性以及侵害这种法益所具有的危害性，但将“入户抢劫”这一加重犯的法定最低刑规定为10年有期徒刑，法定最高刑为死刑是否适当，是一个值得推敲的问题。抢劫罪的基本犯的法定刑是3年至10年有期徒刑，也就是说抢劫犯罪中行为人是否具有“入户”的情节，导致了其法定最低刑之差是7年有期徒刑，法定最高刑差别更是生死之别，立法上是否夸大了“入户”情节对抢劫行为危害性程度的影响作用呢？尊重和保护公民的住宅平稳或安宁，是各国立法之通例。西方国家有这样的谚语：“一个人的家，就是一个人的城堡”，“风可进、雨可进，国王不能进。”我国刑法第245条规定，犯非法侵入住宅罪的，处3年以下有期徒刑或者拘役。从立法对该罪配置的法定刑来看，认为“入户抢劫”在侵犯公民人身权、财产权同时，亦侵害了公民住宅安宁权，因此将其作为加重犯而将之法定刑提高至10年以上有期徒刑直至死刑，这是有违立法公正性原则的。与“入户抢劫”相同，“在公共交通工具上抢劫”也属于抢劫犯罪的加重犯情形。根据上述司法解释，“在公共交通工具上抢劫”，既包括在从事旅客运输的各种公共汽车、大中型出租车、火车、船只、飞机等正在运营中的机动公共交通工具上对旅客、司售、乘务人员实施的抢劫，也包括对运行途中的机动交通工具加以拦截后，对公共交通工具上的人员实施的抢劫。小型出租车不应视为公共交通工具。有学者认为，一般而言，为社会公众提供运输服务的机动交通工具，包括各种出租汽车都属公共交通工具。1984年公安部发布的《城市公共交通车船乘坐规则》明确地把出租汽车（未区分大小）与公共汽车、电车、地铁列车、索道缆车等并列为公共交通管理的对象。考虑到出租轿车只能乘坐几个人，在其中抢劫不如在公共汽车、电车、大中型出租汽车中抢劫可能造成的危害和影响大，为了体现罪刑相适应原则，由有权机关对公共交通工具作出限制解释，将出租小轿车排除在外，也是可以的。处理在公共交通工具上抢劫的案件，不应以其中实际乘坐的人数多少决定是否适用上述司法解释的规定，而是不问乘坐人数多少，也不问实际抢了一人或数人，都应适用。因为，只有这样才有利于遏制和消除以公共交通工具为袭击目标，危及广大旅客人身、财产安全的犯罪现象。至于机关单位内部的班车，即使能够乘坐数十人，也不属于法律所说的公共交通工具，在其中抢劫，不能适用加重犯的规定。因为，对内部班车上的人员实施抢劫行为可能产生的社会影响，相对于在公共交通工具上抢劫较轻，后种情况下，被害人一般来自四面八方，社会影响更广泛，而且对公共交通事业也是极大的破坏。① 笔者认为，上述学者认为在公共交通工具上实施抢劫可能造成的危害大，社会影响更广泛的观点，欠缺客观性，若将之视为对在公共交通工具上抢劫加重刑罚的理由，更是缺乏说服力的。在笔者看来，“在公共交通工具上抢劫”所显现的危害性的特殊性，是因为这种抢劫犯罪对公共运输的安全构成严重的威胁，如立法将此种情形以及“入户抢劫”的情形作为法定从重处罚的理由是必要的和合适的，但从现行立法规定的法定刑与基本犯的法定刑之巨大差异来看，这两种抢劫罪的加重犯之刑罚适用容易导致罪刑关系失衡。此外，刑法第 263 条将“冒充军警人员抢劫”规定为情节加重犯之一，如此规定的缺陷也甚为明

① 参见高铭暄主编：《刑法专论》（下编），北京：高等教育出版社，2002 年，第 742—743 页。

显。冒充军警人员抢劫，是指冒充军人和警察实施抢劫犯罪，其中警察包括公安民警，国家安全机关、监狱、劳动教养管理机关的人民警察和人民法院、人民检察院的司法警察。“冒充”的含义是以假的充当真的。“冒充军警人员”是指通过着装、出示假证件或者口头宣称充当军警人员的行为。[①] 有学者认为，我国刑法将冒充军警人员抢劫作为法定加重处罚的情节，显示了立法者对军警人员这一特殊身份的重视和保护。冒充军警人员身份的抢劫行为在侵犯了公私财物所有权和公民人身权利之余，还极大地破坏了军队和警察部队在人民群众中良好的声誉和正义形象，从而不利于军队和警察部队工作的顺利开展，不利于国家安定和社会团结。较之那些没有冒充军警人员身份实施抢劫的行为，冒充该身份而抢劫的社会危害性显然要大。而军警人员自身抢劫对军队和警察部队形象的破坏更为直接，其体现的社会危害性则更大，因此建议将刑法第 263 条第 6 项修改为：“军警人员抢劫或者冒充军警人员抢劫的。”[②] 笔者认为，关于是否应将军警人员抢劫作为法定量刑情节值得进一步探讨，但将冒充军警人员抢劫作为法定加重处罚情节则恐有不当。刑法理论上认为，以身份对定罪量刑的影响为标准，可将刑法上的身份分为犯罪构成要件的身份、影响刑罚轻重的身份、排除行为犯罪性或可罚性的身份。由于一定身份而成立的犯罪或影响刑罚轻重的犯罪，在刑法理论上叫作身份犯。影响刑罚轻重的身份，又叫加减身份，即具有一定身份犯某种罪时，法律规定予以从重、加重或从轻、减轻处罚。由于一定的身份影响刑罚轻重的犯罪，在刑法理论上叫不真

① 参见何秉松主编：《刑法教科书》（下卷），北京：中国法制出版社，2000 年，第 910 页。

② 参见刘艳红：《冒充军警人员实施抢劫罪之法定刑设置疏漏》，载《法学》，2000 年第 6 期。

正身份犯或不纯正身份犯。[①] 例如，诬告陷害罪是一般主体均可以构成的犯罪，但我国刑法第 243 条第 2 款规定，国家机关工作人员犯诬告陷害罪的，从重处罚。笔者认为，冒充军警人员抢劫不属于身份犯的范畴，冒充军警人员实施抢劫行为对社会危害性的影响并不具有刑法上的直接意义。司法实务中，冒充军警人员抢劫的行为人主要是利用财物所有人或占有人的恐惧心理，在不需要使用暴力的情况下实现非法占有他人财物的目的，这种胁迫型的抢劫的危害性与一般胁迫型抢劫行为的社会危害性毫无二致，而且比直接使用暴力手段的抢劫行为的危害性要小。因此，立法上将冒充军警人员抢劫作为法定的加重处罚情节，不具有合理性。笔者主张，从维护罪责刑相适应原则和实现刑罚目的出发，应取消抢劫罪加重处罚情节中“冒充军警人员抢劫”的规定。还应指出，这种明显违背罪刑关系合理性要求的规定，在刑法其他条文中同样存在，如刑法第 279 条第 2 款“冒充人民警察招摇撞骗的，从重处罚”的立法规定。

与前述立法将不应作为加重犯规定而规定为加重犯的情形相反，我国刑法也存在应当规定加重犯情形而未予规定的情况。如我国刑法第 277 条规定，以暴力、威胁方法阻碍国家机关工作人员依法执行职务的，处 3 年以下有期徒刑、拘役、管制或者罚金；以暴力、威胁方法阻碍全国人民代表大会和地方各级人民代表大会代表依法执行职务的，依照前款的规定处罚；在自然灾害和突发事件中，以暴力、威胁方法阻碍红十字会工作人员依法执行职责的，依照第 1 款的规定处罚；故意阻碍国家安全机关、公安机关依法执行国家安全工作任务，未使用暴力、威胁方法，造成严重后果的，依照第 1 款的规定处罚。由此规定可知，我国刑

① 参见马克昌主编：《犯罪通论》，武汉：武汉大学出版社，1999 年，第 580 页。

法规定的妨害公务罪有四种类型，即阻碍国家机关工作人员依法执行职务；阻碍人大代表依法执行代表职务；阻碍红十字会工作人员依法履行职责；阻碍国家安全机关、公安机关依法执行国家安全工作任务。在前三种犯罪类型中，行为人必须以暴力、胁迫方法阻碍公务的执行。与前三种类型不同，阻碍执行国家安全工作任务的行为，不要求使用暴力、胁迫方法，但要求造成严重后果。由此比较可知，我国刑法关于妨害公务罪的立法价值目标未能得到科学表达。详言之，缺陷有二：其一，前三种类型中未规定出现严重后果的处理；其二，第四种类型的条文规定，意在加重处罚阻碍执行国家安全任务的犯罪者的法律责任，特别保障国家安全。但由于遗漏了行为人使用暴力、威胁方法并造成严重后果或未造成严重后果应如何处罚的规定，从而使其特别保障国家安全的立法价值目标没有准确体现。以笔者之见，为弥补上述立法缺失，对妨害公务罪的前三种类型应增加结果加重犯的规定，对后一种类型则应规定为情节（手段）加重犯。

第三节　若干具体犯罪罪刑关系立法之完善

一、故意伤害罪罪刑关系立法的完善

故意伤害罪，是指故意非法损害他人身体健康的行为。该罪所要保护的法益是个人的身体法益，包括身体的完整性和生理机能的健全。由此，故意伤害罪的伤害结果包括两种情形：一是破坏人体组织的完整性；二是破坏人体器官的机能。在故意伤害罪的罪刑关系的建构中，伤害结果形态分为轻伤、重伤和伤害致死。笔者在此仅对故意重伤犯罪及故意伤害致死的罪刑关系的立

法完善问题进行研析。

根据我国刑法第234条规定，犯故意伤害罪，致人重伤的，处3年以上10年以下有期徒刑；以特别残忍手段致人重伤造成严重残疾的，处10年以上有期徒刑、无期徒刑或者死刑。对于人体重伤的标准，我国刑法第95条作了原则性的规定，即是指下列情形之一的：（1）使人肢体残废或者毁人容貌的；（2）使人丧失听觉、视觉或者其他器官机能的；（3）其他对于人身健康有重大伤害的。为了给司法机关提供一个重伤鉴定的科学依据和统一标准，1990年3月29日最高人民法院、最高人民检察院、公安部颁布了《人体重伤鉴定标准》。该《标准》共96条，对重伤的具体确定标准作了非常详细的规定。以特别残忍手段致人重伤造成严重残疾的认定，应是必须同时具备三个条件：（1）手段的特别残忍性；（2）致人重伤；（3）造成被害人身体严重残疾。一般而论，造成被害人身体严重残疾的，必然达到了重伤害的标准。参照国家技术监督局1996年颁布的《职工工伤与职业病致残程度鉴定标准》，刑法第234条第2款规定的“严重残疾”是指下列情形之一：被害人身体器官大部缺损，器官明显畸形，身体器官有中等功能障碍，造成严重并发症等。残疾程度可以分为10级，其中，10至7级为一般残疾，6至3级为严重残疾，2到1级为特别严重残疾。6级以上视为达到严重残疾程度。由上观之，我国刑法对故意实施的重伤害犯罪的法定刑幅度为最低刑3年到最高刑死刑。如此巨大幅度的法定刑在很大程度上影响了司法实务中对重伤害犯罪的刑罚的均衡裁量，显然也不符合罪刑关系建构的合理性要求。同时，从上述关于重伤害的确定标准来看，同属重伤害范畴的伤害程度殊异，这也是导致故意重伤害犯罪量刑失衡的一个重要原因。有鉴于此，笔者建议，对重伤害的伤害程度应结合人体医学专业知识分出级别，可依次将“特别严重残疾”、“严重残疾”、“重重伤”、“重伤”、“轻重伤”区分为一级重伤、二级重伤、三级重伤、四级重伤、五级重伤。立法规定只应对以特别残忍手段致人一级重伤的，才能考虑死刑的适用，对法条中规定的特别残忍手段亦应作具体界定，并在考量以上建议的基础上将伤害等级与法定刑作具体细化的对应性规定。为体现罪刑均衡原则，针对司法实务中出现的由于被害人过错以及被害人的特异体质和伤害行为相竞合而导致的伤害致死案件，应增加故意伤害致死的减轻犯的规定，其法定刑可参照情节较轻的故意杀人罪之法定刑，即增设一档 3 年至 10 年的法定刑幅度。

二、绑架罪罪刑关系立法的完善

刑法第 239 条规定，以勒索财物目的绑架他人的，或者绑架他人作为人质的，处 10 年以上有期徒刑或者无期徒刑，并处罚金或者没收财产，情节较轻的，处 5 年以上 10 年以下有期徒刑，并处罚金；致使被绑架人死亡或者杀害被绑架人的，处死刑，并处没收财产。本条中对于致使被绑架人死亡或者杀害被绑架人的处死刑的规定，即是针对绑架犯罪中出现的特定情节采用的绝对确定的法定刑模式。绝对确定的法定刑适用特点是，只要确定被告人行为符合罪状的规定，即可依法判刑，无须对刑罚轻重进行考量。具体到绑架罪来说，如果在犯罪人实施绑架过程中致使被绑架人死亡的，即对犯罪人适用死刑。显然，绝对确定的法定刑最大的缺陷是：不能在具体案件中，根据同一种罪的各种不同情节，对被告人判处与其罪行和应承担的刑事责任相适应、轻重适当的刑罚，从而影响刑罚目的的实现的效果。[①] 司法实务中，行为人在实施绑架过程中，往往造成被绑架人死亡的后果，有的是

---

① 参见高铭暄、马克昌主编：《刑法学》（下编），北京：中国法制出版社，1999 年，第 578 页。

故意杀死被绑架人（即俗称“撕票”），但有的却是在绑架过程中，过失造成被绑架人死亡，或者引起被绑架人自杀，或者由于犯罪行为人对被绑架人使用暴力过重造成被绑架人伤害致死。如果不考虑被害人死亡的原因差异而一律科处被告人死刑，也有失公平。为了弥补绑架罪中法定刑立法的这一缺陷，笔者认为，对致使被绑架人死亡或者杀害被绑架人的应在其法定刑立法中增加无期徒刑的规定。这样，既能避免出现过度刑罚，又不影响对罪行极其严重的绑架犯罪行为人的严惩。

绑架罪是一种严重的犯罪，它不仅直接侵犯他人的人身自由权利，甚至危及人质的人身安全，而且对他人的财产权利亦构成了严重的威胁。有鉴于此，立法上对绑架罪配置了严厉的法定刑，其法定刑之重不仅表现在最高刑死刑的规定，还表现在法定最低刑为5年有期徒刑的配置。对普通刑事犯罪规定如此严重的法定最低刑，在当今各国刑事立法例中是极其罕见的。应当认为，绑架罪最低法定刑的规定与司法实务中一些绑架犯罪行为所显示的危害性程度是不相适应的。如前文所述及，在实践中，有的行为人绑架人质勒索财物，绑架时间短，既未勒索到财物，亦未对人质造成任何人身伤害。对此类绑架案件中的行为人如适用5年以上有期徒刑显然有轻罪重罚之嫌。笔者主张，为避免造成立法上的刑罚过剩，对绑架罪情节较轻的法定刑设置宜修改为“情节较轻的，处三年以上十年以下有期徒刑”。

三、侵犯少数民族风俗习惯罪罪刑关系立法的完善

我国是一个统一的多民族国家。各民族在漫长的生产、生活实践中形成了具有各自特点的民族风俗习惯。尊重民族风俗习惯，实际上就是尊重一个民族并尊重该民族文化的问题。每一个民族成员对于本民族的风俗习惯都怀有特殊的感情，往往会把其

他人对于本民族风俗习惯的态度理解为对于自己整个民族的评价。对于任何民族风俗习惯的嘲弄、侮辱、侵犯都可能导致民族关系的紧张和裂痕。从法律上观之，尊重民族风俗习惯，实质上是坚持民族平等原则的具体体现，对于少数民族风俗习惯的侵犯也就意味着对于民族的平等权利的侵犯。① 因此刑法将侵犯少数民族风俗习惯的行为作了“入罪”的规定。根据现行刑法第 251 条的规定，侵犯少数民族风格习惯罪，是指国家机关工作人员侵犯少数民族风俗习惯，情节严重的行为。

（一）侵犯少数民族风格习惯罪的构成特征

1. 本罪侵犯的客体和行为对象

刑法将侵犯少数民族风格习惯罪归类于侵犯公民人身权利、民主权利犯罪，由此可以认为，公民的民主权利是本罪的同类客体，尊重少数民族的风格习惯是保护民族的平等权利和少数民族公民个人的民主权利的体现。而本罪侵害的直接客体则应界定为少数民族保护和改革本民族风俗习惯自由的权利。各民族都有保持或者改革自己的风俗习惯的自由。这里的“自由”是一项法定的平等权利。该政策包括了“保持”和“改革”两个方面的内容。保持就是奉行和传承，他人不得干涉。改革就是变通或废除。一般来说，凡是有利于民族团结的、有利于经济文化发展的、有利于民众生活和身心健康的风俗习惯，就应该“保持”。那些妨碍生产、教育，不利于社会进步和民族团结的，少数民族有权加以革除。当然这种“改革”应在自愿的基础上进行。② 本

① 吴仕民：《中国民族理论新篇》，北京：中央民族大学出版社，2008 年，第 300、301 页。

② 吴仕民：《中国民族理论新篇》，北京：中央民族大学出版社，2008 年，第 300、301 页。

罪的行为对象是少数民族的风俗习惯。民族风俗习惯，指的是少数民族人民群众在衣着、饮食、居住、生产、婚姻、丧葬、节庆、礼仪等物质生活和文化生活方面广泛流传的喜好、风气、习俗、禁忌等。

2. 本罪的客体行为表现和行为结果

本罪在客观方面表现为非法干涉、破坏少数民族风俗习惯的行为。具体表现为：（1）强迫少数民族改变自己的风俗习惯；（2）破坏少数民族的民族风俗活动；（3）禁止少数民族自愿改革本民族的陈规陋习，等等。上述行为都是侵犯少数民族风俗习惯的行为。该罪的行为结果必须是侵犯少数民族风俗习惯并且达到情节严重。所谓情节严重，从司法实务中看，通常是指：（1）采取暴力手段侵犯少数民族风俗习惯的；（2）多人多次侵犯少数民族风俗习惯的；（3）引起民族纠纷和民族冲突的；（4）引起械斗造成人身伤亡的；（5）造成停工停产、游行示威和社会秩序混乱的；（6）产生恶劣的政治影响和社会影响的；（7）导致少数民族家庭破裂或人员自杀的，等等。破坏少数民族风俗习惯罪是情节犯，行为是否达到情节严重是区分本罪之罪与非罪的界限。具备上述情节之一的，即视为侵犯少数民族风俗习惯的行为达到了情节严重。

3. 本罪行为人之主观罪过形式

本罪在主观方面是故意，即行为人明知自己的行为会产生侵犯少数民族风俗习惯的后果而追求或者放任其发生。行为人主观罪过形式只能是故意，包括直接故意和间接故意。过失行为不能构成侵犯少数民族风俗习惯罪。本罪犯罪行为人的犯罪动机往往具有多样性和复杂性的特点。有的行为人是出于民族歧视，有的是为了挟持报复或侮辱他人，有的是为了挑拨离间或扰乱社会秩序等，此外，司法实务中也曾出现过行为人是出于善意的动机，为了改变少数民族某些落后的风俗习惯，而以职权强迫少数民族改变其生活习惯。行为人动机如何，不影响本罪的认定，但应当作为刑罚裁量时的酌定情节予以考量。

（二）本罪司法认定中应注意的两个问题

1. 行为的非法性和方法手段的强制性是本罪成立的必要因素

行为的非法性和方法手段的强制性是侵犯少数民族风俗习惯行为构成犯罪的必要因素。具体言之，一是侵犯少数民族风俗习惯的行为必须是非法的。如果行为人是依法实施的职权行为，就不能认定构成本罪。二是行为人破坏少数民族的风俗习惯所使用的方法、手段必须具有强制性。如果只是采取说服教育的方式，不能认定为侵犯少数民族风俗习惯的行为。

2. 厘清本罪与非法剥夺公民宗教信仰自由罪的界限

正确认定本罪，还须厘清本罪与关联罪的界限。现实中，我国少数民族的风格习惯往往与宗教活动交织在一起，侵犯少数民族风俗习惯，往往也是非法剥夺了少数民族和宗教信仰自由权利。从犯罪特征上看，两罪的主要区别有：（1）侵犯的法益内容不同。本罪侵犯的是少数民族在饮食、婚姻、丧葬、礼仪等方面的风俗习惯，不包括少数民族的信教权；非法剥夺宗教信仰自由罪侵犯的主要是公民的宗教信仰自由权利。（2）犯罪行为不同。本罪在犯罪的客观行为方面主要表现为以强制手段破坏少数民族风格习惯的行为；非法剥夺宗教信仰自由罪在客观方面主要表现为非法剥夺公民的宗教信仰自由的行为。

（三）宜将本罪国家机关工作人员的特殊主体扩大为一般主体

1979 年刑法将本罪的主体限制为国家工作人员，而排斥了普通人。1997 年刑法对此则作出了进一步限定，把本罪主体最终定位于国家机关工作人员，从而又将准国家工作人员排斥在外。有观点认为，主体的进一步缩小，反映出了立法者指导思想的转变。首先，从行使的权力上看，国家机关工作人员拥有的权力更多地带有行政管理的性质，权力行使对象包括了一定地域范围内不特定的多数人，因而权力一旦遭到滥用，损害的后果往往是十分严重的；相反，准国家工作人员被授予的权力更多地体现在经济管理活动的过程当中，同时伴随着市场经济的逐步建立、完善，这种权力的影响范围已在逐渐缩小，难以具备国家机关工作人员权力的普遍影响力，因此其侵犯少数民族风俗习惯的行为往往只能波及个人或少数人，难以造成影响民族团结的严重后果。其次，从身份表征的意义上看，国家机关工作人员天然地与政府具有直接的、固有的联系，因而其行为往往是政府意志的体现，象征着政府行为。即便是国家机关工作人员实施的纯属于个人好恶的行为，在常人眼里，由于他们与政府之间难以割舍的联系，也使得评价对象演变成了政府行为。尤其在对于管理少数民族风俗习惯的活动中，国家机关工作人员的言行就是国家和执政党的民族政策的具体体现。所以国家机关工作人员所实施的侵犯少数民族风俗习惯的行为由于其特殊身份的影响，也使得人们对其社会危害性量值的评价增加了很多。然而，准国家工作人员在市场经济影响下，更多的是以一种与其他经济组织人员平等的身份出现的，他们的行为在普通人看来并不代表着政府的意愿，而是一种个人行为。相比之下，同样的危害行为社会危害性就小了许多，经过立法者的主观选择，它就可能被排斥在刑法调整范围之外。①

笔者认为，我国宪法第 4 条和民族区域自治法第 10 条均明确规定：各民族都有保护或者改革自己的风俗习惯的自由。少数

① 赵秉志：《新千年刑法热点问题研究与适用》（上），北京：中国检察出版社，2001 年，第 224 页。

民族拥有的这一宪法权利是一种对世权，其义务主体具有不特定性。尊重民族风格习惯是每一位具有责任能力的人应当履行的责任和义务。如果国家机关工作人员利用职权侵犯少数民族风格习惯，无疑会使行为的危害性更大，后果更为严重，影响也更为恶劣。但应该看到，本罪的构成与身份和职权无必然联系，非国家机关工作人员完全可以实施如前文所述的情节严重的侵犯少数民族风俗习惯的行为。因此，将本罪主体限定为国家机关工作人员，不仅不利于少数民族风俗习惯自由权的保护，也不符合本罪发生的实际情况。法律是以其理性来解决社会纷争所形成的规则，是凝结在规则中的理性。[①] 为了更好地规制侵犯少数民族风俗习惯的犯罪行为，宜将本罪主体拓展为一般主体，并增加规定，国家机关工作人员犯此罪应该从重处罚。

四、监管渎职罪罪刑关系立法的完善

《刑法修正案（八）》增加了食品监管渎职罪并规定了较为严厉的法定刑，根据这一规定，负有食品安全监管职责的国家工作人员，滥用职权或者玩忽职守，导致发生重大食品安全事故或者其他严重后果的，处 5 年以下有期徒刑或者拘役；造成特别严重后果的，处 5 年以上 10 年以下有期徒刑。徇私舞弊犯前款罪的，从重处罚。该规定体现了食品安全出问题政府有责任的理念。这样既能防止负有食品安全监管职责的国家工作人员在食品安全问题出现前玩忽职守，也能在一定程度上防止其在食品安全问题被揭露之后借惩罚不良商人而转移消费者视线从而推卸责任的做法。

从实践中看，食品监管渎职犯罪中，负有食品安全监管职责

---

① 韩铁：《被害人量刑建议权探解》，载《江淮论坛》，2010 年第 5 期。

的国家工作人员往往不仅是职责上的不作为，而且其行为往往伴有徇私舞弊和收受贿赂等执法与违法一体的情况，还有一些国家工作人员在“执法为利”的心理驱使下而与食品的制、售人员勾结在一起实施积极的“反向作为”行为。食品监管渎职罪立法规定关注到负有食品监管职责的国家工作人员的徇私舞弊行为，已将该情形规定为该罪的情节加重犯，这对于惩罚犯罪，贯彻罪责刑相适应原则具有现实意义。但这一立法条文对相关的国家工作人员同时具有收受贿赂和对违法行为实施积极的帮助行为的处理予以规定，不能不说是一立法缺憾。

对于负有食品监管职责的国家工作人员构成食品监管渎职罪牵连触犯受贿罪的情况，应如何定罪？探讨这一问题有必要审视我国刑法第 399 条第 4 款的规定，根据该规定，司法工作人员贪赃枉法，有前三款行为的，同时又构成本法第 385 条之罪的，依照处罚较重的规定定罪处罚。刑法的这一规定体现了对牵连犯从一重罪处断的原则。由于渎职犯罪中除了徇私枉法、枉法裁判等罪以外，其他渎职犯罪都可能涉及牵连触犯受贿罪的情况，对此的定罪处罚，刑法理论界和实务部门存在着“一罪说”和“数罪说”的分歧。[①] 一罪说的主要理由是：行为人实施渎职犯罪过程中牵连受贿犯罪的，其行为符合刑法理论中有关牵连犯的特征。刑法第 399 条第 4 款的规定体现了对牵连犯的一般处罚原则，是处理其他贪赃枉法类渎职罪的依据。数罪说的主要观点则认为，渎职罪牵连受贿罪的，应认为是数罪而并罚。刑法第 399 条第 4 款仅是一条分则特别条款，区别于总则条款和普通条款，没有普遍的指导作用。

笔者认同数罪并罚说的观点。首先，对牵连犯是数罪并罚还

---

① 参见张明楷、黎宏、周光权：《刑法新问题研究》，北京：清华大学出版社，2003 年，第 401 页。

是从一重罪处断，需要考虑行为的危害性。当牵连犯手段行为和目的行为之间，存在轻重关系可以比较时，只按重罪处断，而对轻罪不给予处罚，并不会带来实质的不合理，也不会放纵犯罪，此时，贯彻“从一重罪处断”就不会有问题。但当目的行为、手段行为的危害性都比较大，理应给予严肃处理之时，采用从一重罪处断原则，可能有悖于罪刑相适应原则。而渎职犯罪、受贿犯罪都是国家公职人员利用职务上便利或者职权实施的犯罪，对这类犯罪进行严厉打击一直是立法者和司法机关都给予特别强调的。所以，对刑法明确列举的徇私枉法、枉法裁判等少数渎职罪以外的贪赃枉法行为数罪并罚，符合立法旨趣，也符合历来的司法立场。其次，对牵连犯从一重罪处断，乃是理论上的一种概括，而不能将此原则绝对化。刑法中对牵连犯实行数罪并罚的规定，并非绝无仅有，例如对暴力抗拒缉私的，刑法规定以走私罪和妨碍公务罪并罚；对采用犯罪方法制造保险事故骗取保险金的，以放火、故意杀人等罪和保险诈骗罪并罚。对于受贿后犯徇私枉法、枉法裁判等以外的其他渎职犯罪的，进行数罪并罚，由于刑法没有明确禁止，所以并不是不可行。最后，刑法第 399 条第 4 款的规定属于特别规定，而不是提示性规定。立法者考虑到，在收受贿赂的情况下，国家司法机关工作人员渎职的可能性会大大增加，这种现象具有普遍性，对这类行为如果在处罚上不明确规定一个标准，实践中一般会对其数罪并罚，所以对贪赃就可能枉法的场合，特别规定从一重罪处断。但是，这一特别规定并不适用于其他未做此规定的场合。①

食品监管渎职罪和受贿犯罪都是国家公职人员实施的职务犯罪，两种犯罪行为的性质严重，其体现的危害性均较大，按两罪

① 参见张明楷、黎宏、周光权：《刑法新问题研究》，北京：清华大学出版社，2003 年，第 402 页。

并罚处理不仅能体现刑罚公平，也是罪责刑相适应的要求。笔者认为，立足于贯彻罪刑法定原则，刑法关于食品安全监管渎职罪的立法规定中，应明确规定负有食品安全监管职责的国家工作人员同时具有受贿行为的，以食品安全监管渎职罪和受贿罪并罚。此外，从完善立法和惩治食品安全犯罪的角度考虑，上述条文中还应增加规定，负有食品安全监管职责的国家工作人员明知生产者和销售者制售不符合安全标准的食品或有毒有害的食品而提供帮助的，按相应的共同犯罪论处。

2009 年春节过后，国务院任命了食品安全办公室主任，一个专管食品安全的实体机构开始运行，同年还分别成立了食品安全风险评估专家委员会和食品安全标准评审委员会。我国现行刑法早在 1997 年修订时就已将生产、销售有毒、有害食品作了“入罪”的规定，2009 年 6 月 1 日《中华人民共和国食品安全法》开始实施。应当说，我国政府对食品安全问题是高度重视的，相关立法也较为完善。然而，与此形成强烈反差的是，我国目前食品安全形势却依然严峻。近期曝光的“瘦肉精”等食品安全事件确实让人有触目惊心之感。剖析此类事件的原因，应当认为，我国的食品安全是一个“多因一果”的问题。司法实践中的有法不依、执法不严无疑是我国食品安全问题不能得到有效遏制的重要原因之一。笔者认为，从刑法规制的视角考量，贯彻刑罚必然与刑罚及时原则、重视罚金刑和没收财产刑的适用、强化刑罚的消极预防和积极预防的整体效果是必要的。

1. 贯彻刑罚必然与刑罚及时原则

刑罚必然也称为刑罚的不可避免性、刑罚的确定性，是指只要发生了犯罪就会被揭露并必然受到刑罚处罚，任何人都难以逃脱法网。刑罚必然体现了有罪必罚的原则精神。刑罚必然对于公正惩罚及有效预防危害食品安全的犯罪具有重要意义。如果一个意欲实施此类犯罪者认为实施犯罪后不会受到处罚时，法律的约束力就会失去。从犯罪心理学的角度分析，行为人在犯罪心理的形成和犯罪行为的实施过程中，一方面具有恐惧的心理，担心受到惩罚；另一方面又心存侥幸，希望逃避制裁。当侥幸心理成为心理矛盾的主导方面时，这时犯罪动机就会占优势而促使其实施犯罪，而每次犯罪的成功又必然反过来强化犯罪人的侥幸心理，使其铤而走险，变本加厉地继续犯罪。为了使刑罚达到预防危害食品安全犯罪的效果，必须提高该种犯罪必受惩罚的“概率”。关于概率问题，西方犯罪学家曾举过一个例子：像触摸火炉一样，如果触摸500次只有一次烫手，就谁都敢摸，如果几乎每次都被烫着手，敢于触摸的人就很少了。这一犯罪心理学上的研究成果既非没有根据的臆测，也非仅仅是一种合乎逻辑的推论，其正确性已被司法实践所证实。如果刑罚成为犯罪之间必然因果关系，就会破除犯罪人的侥幸心理。贝卡利亚亦认为，如果让人们看到他们的犯罪可能受到宽恕，或者刑罚并不一定是犯罪的必然结果，那么就会煽惑起犯罪不受处罚的幻想。[①] 因此，提高危害食品安全犯罪案件的破案率，并在司法实践中真正做到有罪必罚，就会使犹豫、观望、伺机而动的意欲犯罪人悬崖勒马不实施犯罪，从而发挥刑罚的威慑及刑罚预防犯罪的作用。

刑罚及时是指应当在犯罪发生后的尽可能短的时间内侦破案件，抓获犯罪人，及时地将犯罪人起诉和判处刑罚。如果刑罚不及时，犯罪人长时间地逍遥法外，即使后来受到惩罚，刑罚的威慑效果也会大打折扣，甚至还会产生负作用。因为刑罚与发生犯罪行为之间的时间越短，惩罚越及时，对犯罪人心理的威慑力就越强烈，犯罪人对有罪必究、有罪必罚、罪罚及时的印象越深刻，这样就会很快破除犯罪人的侥幸心理。同时，不给犯罪人以

① 参见［意］贝卡利亚：《论犯罪与刑罚》，黄风译，北京：中国大百科全书出版社，1993年，第60页。

充裕的时间、再次实施犯罪。如果案件久侦不破、久拖不诉、久拖不审、久拖不判，都会削弱刑罚威慑功能的有效性。对此，贝卡利亚也有精辟的论述。贝卡利亚指出：惩罚犯罪的刑罚越是迅速和及时，就越是公正和有益……犯罪与刑罚之间的时间隔得越短，在人们心中，犯罪与刑罚这两个概念的联系就越突出、越持续，因而，人们就很自然地把犯罪看作起因，把刑罚看作不可缺少的必然结果。① 笔者认为，为了做到刑罚及时，司法机关在查处食品安全犯罪时应特别树立诉讼效率的观念，以期在最大限度上达到遏制危害食品安全犯罪的效果。

2. 重视罚金刑和没收财产刑的适用

罚金是法院判处犯罪人向国家缴纳一定数额金钱的刑罚方法；没收财产是将犯罪分子个人财产的一部或者全部强制无偿地收归国有的刑罚方法。我国刑法第 134 条规定，生产、销售不符合食品安全标准的食品，足以造成严重食物中毒事故或者其他严重食源性疾患的，处 3 年以下有期徒刑或者拘役，并处罚金；对人体健康造成严重危害的，处 3 年以上 7 年以下有期徒刑，并处罚金；后果特别严重的，处 7 年以上有期徒刑或者无期徒刑，并处罚金或者没收财产。刑法第 144 条和第 150 条规定，在生产、销售的食品中掺入有毒、有害的非食品原料的，或者销售明知掺有有毒、有害的非食品原料的食品的，处 5 年以下有期徒刑或者拘役，并处罚金；造成严重食物中毒事故或者其他严重食源性疾患，对人体健康造成严重危害的，处 5 年以上 10 年以下有期徒刑，并处罚金；致人死亡或者对人体健康造成特别严重危害的，处 10 年以上有期徒刑、无期徒刑或者死刑，并处罚金或者没收财产。单位犯本罪的，对单位判处罚金，并对其负责的主管人员

① 参见［意］贝卡利亚：《论犯罪与刑罚》，黄风译，北京：中国大百科全书出版社，1993 年，第 56—57 页。

和其他直接责任人员，依照上述规定处罚。生产、销售不符合安全标准的食品罪和生产、销售有毒、有害食品罪不仅是侵害国家食品卫生管理制度和不特定多数人的身体健康、生命安全的犯罪，也是一种贪财图利的经济犯罪。对待这类犯罪人，只有在判处自由刑甚或生命刑的同时，重视罚金刑和没收财产刑的适用，才能破其所图，灭其所欲，使其“偷鸡不成蚀把米”，消除其犯罪动机，真正起到惩戒、警示危害食品安全犯罪人的作用。

3. 强化刑罚的消极预防与积极预防的整体效果

刑罚的消极预防，也称为威慑预防，是指国家通过立法的威慑作用及对特定犯罪人适用和执行刑罚产生的司法威慑效果，从而预防犯罪。刑罚的消极预防作用的发挥建立在刑罚的威慑作用基础之上。刑罚是对犯罪人适用的建立在剥夺性痛苦基础上的最为严厉的强制措施，对犯罪的惩罚是刑罚的本质属性。刑罚在社会心理和个体心理上造成的畏惧和威慑效应，形成了人们远罪避害的心理和思维定式。也就是说，刑罚的惩罚属性强制性的压抑了犯罪意念的形成和对犯罪行为的模仿。刑罚的积极预防，也称为规范预防，是指国家通过制定、适用和执行刑罚唤醒和强化犯罪人和犯罪人以外的其他人的规范意识，从而预防犯罪。刑罚的积极预防作用的发挥是建立在刑法的规范效力基础之上的。刑法的规范性是指刑法向人们提供了行为模式以及遵循这些行为模式与否的法律效果。

刑罚消极预防与积极预防同特殊预防与一般预防一样，是预防之刑的两个方面，强化刑罚对于危害食品安全犯罪的消极预防与积极预防的整体效果具有重要的现实意义。因为只有兼顾法律威慑和规范意识培养的作用，才能够促使人们更加谨慎地选择自己的行为，从而有意识地防止和避免实施犯罪。在查处食品安全犯罪的司法活动中，应在彰显刑法威慑力的同时，重视积极预防的需要，唤醒和强化人们的食品安全的规范意识，启蒙和培养人们的诚信与守法观念，支持和鼓励公民的诚信守法行为。

五、受贿罪罪刑关系立法的完善

量刑情节标准的建构和法定刑的设置是受贿罪罪刑关系立法的两个重要方面。只有量刑情节标准的确立和法定刑设置的科学、合理，才能真正达到刑罚惩罚、遏制犯罪的效果。目前，我国受贿罪立法中“数额中心论”的量刑标准和厉而不严的刑罚结构尚存诸多弊端，下文对此予以研析。

（一）受贿罪量刑标准的重构

对于财产犯罪和经济犯罪，在建构罪刑关系时，我国刑事立法一直以来非常重视犯罪数额的因素，立法上处处可见以犯罪数额认定犯罪和确立量刑幅度的规定。数额中心论也统领着受贿犯罪的法益侵害性的考量，现行刑法按照受贿数额，设置了不同的法定刑幅度，司法实践中对受贿犯罪的认定和刑罚的裁量更是唯数额至上。这一罪刑关系立法的合理性之缺乏甚为明显。

1. 现行受贿罪量刑标准的立法缺陷分析

现行刑法第 386 条规定：“对犯受贿罪的，根据受贿所得的数额及情节，依照本法第 383 条的规定处罚。”按此规定，对犯受贿罪的处罚，应当按照贪污罪的数额、情节及法定刑论处，即援引刑法第 383 条贪污罪的处罚规定进行处罚。贪污罪与受贿罪虽然在构成特征上有相似之处，但两者毕竟是性质不同的犯罪，不论是从法理上看，还是从实践中所显示的危害性方面观之，现行刑法对两罪规定适用同一处罚标准、适用相同的法定刑均是不恰当的。首先，受贿罪与贪污罪虽然同属于职务犯罪，但二者的罪质差异显而易见。受贿罪属于公职人员的渎职性犯罪，侧重于渎职性；而贪污罪属于侵财犯罪的性质，侧重于贪利性。此外，两罪在犯罪主体范围、犯罪目的和客观行为手段方面均存在不同。更能体现两罪罪质差异的是，贪污罪侵害的法益是国家工作人员职务行为的廉洁性和公共财物的所有权，而受贿罪则是侵害了公务人员职务行为的公正性和社会对这种公正性的信赖感（信赖保护说）。[①] 因此，我国刑法第386条将侵害的法益相异的犯罪规定适用同一个量刑标准和法定刑，显然违背了罪责刑相适应的刑法基本原则。其次，从两罪的法益侵害性上分析，贪污罪的法益侵害性与贪污数额密切相关，其法益侵害程度主要是通过数额直接反映，因此，以贪污数额的大小作为法定刑设置的主要依据是符合罪刑关系合理性要求的。由于受贿数额并不必然和受贿犯罪法益侵害程度形成对称关系，尤其是当受贿行为给国家、社会和个人的利益造成重大损失时，更不能仅以受贿数额考量行为人的罪责。因此，应当认为，受贿犯罪中受贿数额之大小不是受贿罪法益侵害程度的主要表现。最后，受贿罪适用贪污罪的量刑标准抹杀了枉法受贿和普通受贿（不违背职务）的区别。贪污罪中不存在违背职务与否的区别，但受贿罪有违背职务和不违背职务的不同，两种方式的受贿所体现的法益侵害程度是不可相提并论的。

2. 受贿罪量刑标准的重构

既然受贿数额只是受贿犯罪的犯罪情节之一，不能将之作为认定和处罚受贿罪的主要基准。因此有必要对现行立法中以数额为中心的量刑标准予以调整，使之转变为以情节为中心的量刑标准。详言之，在建构受贿罪的量刑标准时，对受贿人之身份、贿赂的性质、行为样态、法益侵害程度等各种情节进行综合考虑。影响受贿罪法益侵害性及程度并进而决定法定刑轻重的情节可归

---

① 参见［日］前田雅英：《刑法讲义各论》，日本：东京大学出版会，1999年，第541页。

纳为以下几个方面：（1）受贿人主体身份；（2）受贿所造成的后果大小；（3）是否违背职务；（4）受贿的次数；（5）行为方式（如主动索贿还是被动受贿等）；（6）受贿数额。

（二）受贿罪法定刑的完善

我国现行立法对受贿罪法定刑设置的不完善主要表现在：没有独立的法定刑；罚金刑的缺位；生命刑的浪费和失衡；与相似犯罪法定刑配置的失衡。因此，完善受贿罪的法定刑应从以下方面着手。

1. 建构受贿罪的独立法定刑

如前所述，我国现行刑法单独规定了贪污罪的法定刑，但对受贿罪却未规定独立的法定刑。根据刑法第 386 条规定，犯受贿罪的，根据受贿所得的数额及其情节，依照贪污罪的处罚规定予以处罚。笔者认为，虽然受贿罪与贪污罪在犯罪主体和犯罪主观方面有某些共同点，但两罪在犯罪构成上却存在较大的差别。两罪的法益侵害性的差别决定了两者应有不同的处刑标准和依据。对于贪污罪，法定刑设置的基本依据是贪污罪的数额和情节；对于受贿罪，除了数额情节影响受贿行为的社会危害性以外，权钱交易行为给国家利益、集体利益等法益造成损失的大小，应当是其法定刑配置的一个基本依据。此外，“一罪一刑”也是罪刑关系合理性的基本要求。基于这种认识，笔者建议，应根据受贿犯罪本身的特点和处刑要求规定单独的法定刑。法定刑的确定，要体现以罪责刑相适应原则为主，兼顾职务犯罪法定刑配置的横向协调，既要依据受贿行为给国家利益和集体利益等法益造成损害的大小，又要考虑受贿的数额和情节，相比较来说，对受贿罪规定的法定刑应重于贪污罪。

2. 对受贿罪应增设罚金刑

我国刑法对抢劫、盗窃、抢夺、诈骗等财产性犯罪规定了必罚制罚金刑，而对贪污、贿赂犯罪的犯罪行为人没有规定罚金。除了对单位受贿、行贿规定了并处罚金外，在许多条款中，只规定了没收财产；而没收财产，也是在犯罪行为有特别严重的情节，犯罪分子被判处死刑和无期徒刑的，才并处没收财产。这实际上给司法实践留下一个缺口，有可能使许多贪贿犯罪分子逃避经济上的惩罚。并且，个人贪贿数额在5000元以上不满5万元的，既没有规定罚金刑也没有规定没收财产，这不能不说是立法上的一个缺陷。贪贿犯罪具有职务犯罪和财产犯罪的双重属性，其法益侵害性与盗窃、抢夺、诈骗等犯罪相比有过之而无不及，对这种贪利性犯罪必须在经济上给予严厉惩罚，如并科罚金刑，破其所图，灭其所欲，这更能有效地遏制此类犯罪。因此，立法上对受贿犯罪增设罚金刑不仅是实现刑罚目的及罪刑关系合理性的要求，并且与当前罚金刑被广泛使用的世界性趋势是相一致的。

3. 在立法上严格限制受贿罪死刑的适用

取消非暴力犯罪的死刑配置无疑是一种必然的立法趋向。但由于我国当前还处在对外开放和建设市场经济的社会转型期，社会观念、社会利益以及各方面的制度都处在重新调整和建立的过程中，一些相应的政策和制度尚付阙如，公权力的运用和监督存在诸多“空隙”，社会对职务犯罪的控制力较弱，因此，在当前条件下，为了震慑和遏制受贿犯罪，还有暂时保留死刑配置的必要。虽然学界多数学者力举废除受贿罪的死刑，但笔者认为，基于我国反腐败形势日益严峻的国情，特别是少数渎职性受贿犯罪所表现出的极大的社会危害性，在立法上严格限制受贿罪死刑的适用，更为明智和符合我国的现实状况。笔者建议，在立法上对“受贿罪数额特别巨大，情节特别严重，给国家和人民利益造成特别重大损失”的受贿犯罪暂时保留死刑的配置。随着依法治国体制的建立，各方面制度的逐渐健全和完善，社会控制能力的逐渐增强，社会对职务行为控制空隙的逐渐减小，最终从立法上取消受贿罪的死刑配置。

六、挪用公款罪罪刑关系立法的完善

挪用公款罪是一种由国家工作人员构成的职务犯罪。在我国1979年刑法中只规定了“挪用特定款物罪”，而没有规定挪用公款罪。鉴于社会上挪用公款案件的大量发生以及挪用公款行为所显现的严重社会危害性，最高人民法院、最高人民检察院在1985年《关于当前办理经济犯罪案件中具体应用法律的若干问题的解答（试行）》中规定，对挪用公款归个人使用的几种行为，以贪污论处。这一司法解释虽然满足了实践中惩治挪用公款行为的需要，但是司法解释对刑法上贪污罪的规定作出如此扩大解释，不仅是混淆了贪污与挪用两种性质不同的行为的界限，而且也有违背罪刑法定这一法治原则之嫌。随后，全国人大常委会1988年1月21日公布施行的《关于惩治贪污罪贿赂罪的补充规定》（以下简称《补充规定》）正式确立了挪用公款罪的罪名。1997年修订的刑法对上述《补充规定》作了较大修改。现行刑法第384条规定：国家工作人员利用职务上的便利，挪用公款归个人使用，进行非法活动的，或者挪用公款数额较大，进行营利活动的，或者挪用公款数额较大、超过3个月未还的，是挪用公款罪，处5年以下有期徒刑或者拘役；情节严重的，处5年以上有期徒刑。挪用公款数额巨大不退还的，处10年以上有期徒刑或者无期徒刑。挪用用于救灾、抢险、防汛、优抚、扶贫、移民、救济款物归个人使用的，从重处罚。一般认为，上述规定将挪用公款行为分为三种类型，各种类型“入罪”的条件不完全相同。三种类型分别是：（1）挪用公款归个人使用，进行非法活动的，构成挪用公款罪，不受“数额较大”和挪用时间的限制（但根据司法解释，挪用公款归个人使用，进行非法活动的，以挪用公款 5000 元至 1 万元为追究刑事责任的数额起点）。(2) 挪用公款数额较大，归个人进行营利活动的，构成挪用公款罪，只有数额的要求，而不受挪用时间的限制。(3) 挪用公款归个人使用，数额较大、超过 3 个月未还的，此种类型的挪用公款罪的成立受到挪用公款的数额和时间的制约。

虽然刑法理论上对挪用公款罪侵害的法益内容的表述不尽相同，但挪用公款犯罪的基本性质是侵犯公共财产的占有权、使用权、收益权以及国家工作人员职务行为的廉洁性，是不容置疑的。[①] 从挪用公款犯罪所侵害的法益内容来看，挪用公款行为所显现的法益侵害性主要是取决于挪用公款的数额及时间，而挪用公款的具体用途对于行为的法益侵害性的判断不具有直接的意义。我国刑法将本应作为量刑情节的公款被挪用后的用途规定作为定罪的要件是很不妥当的，理所当然地受到了理论界的批评。有学者将这种规定的弊端归纳为四个方面：弊端之一，没有彻底坚持犯罪构成理论。刑法把具体使用公款的行为作为挪用公款罪的构成要件，混淆了实现犯罪目的行为和促使犯罪动机产生的需要行为的界限，就是把对本罪客体没有直接侵害作用的行为当作了犯罪行为，违背了刑事立法对直接故意犯罪以实现犯罪目的的行为规定犯罪构成客观要件的原则。挪用公款的行为和具体使用公款的行为无论在语义上，还是在法律性质上以及对本罪犯罪构成的意义上都是不同的，不可混同规定。弊端之二，是立法不公正的表现。刑法条文把挪用公款行为按照具体使用公款的不同去

① 财产所有权是财产占有权、使用权、收益权和处分权有机联系而形成的统一整体。在公款的占有权、使用权和收益权受到侵犯时，公款所有人对该公款的处分权的行使必定会受到影响。因此，认为挪用公款罪侵犯了公共财产的所有权也是合适的。

向和用途分成了三种并列行为，并分别从挪用时间、挪用金额和是否归还上规定了不同的定罪条件。究其原意，可能是立法认为使用公款的不同去向和用途反映了行为具有不同的社会危害性，因而在定罪条件上要有所区别。诚然，公款被挪用后的具体用途反映了行为的犯罪动机，用途不同，动机不同，主观恶性的大小也不同。但是，这些不同不应该体现在定罪条件上，而应该体现在量刑幅度的大小和轻重上。弊端之三，破坏了刑法分则罪名之间应有的内在协调关系。纵览刑法分则罪名，大凡以财产为犯罪对象的犯罪或犯罪对象中含有财产内容的犯罪，在其罪名罪状上只是把对本罪客体直接造成侵害的行为和足以表现行为性质的犯罪手段作为构成本罪的条件表述出来，财产被非法占有后的去向和用途均不在犯罪构成之中和罪状表述之列。刑法唯独在挪用公款的罪状中，把公款被挪用后的去向和用途作为犯罪构成的客观要件。这种立法规定上的例外使得挪用公款罪同贪污罪、盗窃罪等其他犯罪相比，在罪状的逻辑结构上严重失调，显得冗长、烦琐且毫无必要。弊端之四，不利于司法操作，易造成司法混乱。既然刑法依公款被挪用后的去向和用途分别确立了挪用公款罪的成立条件，那么，司法实践中无论是对挪用公款罪刑法规定的理解适用，还是对挪用公款犯罪案件的查证和识别，最终都落脚到公款被挪用后的去向和用途上，这是关系罪与非罪、罪轻与罪重的大问题。但是，恰恰就在这些关系大问题的问题上，都会出现一些似是而非、困惑难解的情形。①

笔者认为，犯罪所侵害的法益是犯罪构成中的核心要件，立法者应该围绕挪用公款罪侵犯的法益来确定挪用公款罪的构成要件。对罪状的设定，描述应有司法上的可操作性，这也是罪刑关

---

① 参见周少华、张补联：《挪用公款罪立法规定的批判性分析》，载高铭暄、赵秉志主编：《刑法论丛》（第7卷），北京：法律出版社，2003年。

系合理性的基本要求。直接影响乃至决定挪用公款法益侵害性的主要是挪用公款数额、挪用公款的时间以及挪用公款的次数。因此，笔者建议，应当对挪用公款罪的罪刑关系的立法规定进行适当修改，取消把挪用公款行为按具体用途分为三种情形并规定不同定罪条件的规定。笔者主张，挪用公款的罪状可以作如下表述：国家工作人员利用职务上的便利，挪用公款、数额较大、使用超过 3 个月的，或者多次挪用公款、或挪用公款数额巨大的，是挪用公款罪。将挪用公款的用途和归还情况以及是否造成严重损失等作为挪用公款罪中适用不同量刑幅度的情节。

参考文献

1. 高铭暄:《中华人民共和国刑法的孕育诞生和发展完善》，北京大学出版社，2012 年。

2. 马克昌:《比较刑法原理》，武汉大学出版社，2002 年。

3. 马克昌主编:《近代西方刑法学说史略》，中国检察出版社，1996 年。

4. 高铭暄主编:《刑法学原理》（第三卷），中国人民大学出版社，1994 年。

5. 赵秉志主编:《外国刑法原理》，中国人民大学出版社，2000 年。

6. 赵秉志:《侵犯财产罪》，中国人民公安大学出版社，2003 年。

7. 陈兴良:《刑法的价值构造》，中国人民大学出版社，1991 年。

8. 陈兴良:《本体刑法学》，商务印书馆，2001 年。

9. 张明楷:《法益初论》，中国政法大学出版社，2000 年。

10. 张明楷:《刑法学》，法律出版社，2003 年。

11. 杨春洗主编:《刑法基础论》，北京大学出版社，1999 年。

12. 白建军:《罪刑均衡实证研究》，法律出版社，2004 年。

13. 刘守芬等:《罪刑均衡法》，北京大学出版社，2004 年。

14. 樊崇义主编:《诉讼原理》，法律出版社，2003 年。

15. 龙宗智:《相对合理主义》，中国政法大学出版社，

1999 年。

16. 陈志龙:《法益与刑事立法》，台湾大学丛书编辑委员会，1992 年。

17. 林山田:《刑法特论》(上册)，台湾三民书局，1978 年。

18. 韩铁:《刑罚目的的建构与实现》，中国人民公安大学出版社，2005 年。

19. 韩忠谟:《刑法各论》，三民书局，1997 年。

20. ［意］贝卡利亚:《论犯罪与刑罚》，中国大百科全书出版社，1993 年。

21. ［法］孟德斯鸠:《论法的精神》(上)，商务印书馆，1985 年。

22. ［英］边沁:《惩罚和奖赏的理论》(第二卷)，1826 年巴黎版。

23. ［日］西原春夫《刑罚的根基与哲学》，三联书店，1991 年。

24. ［日］平野龙一:《刑法总论Ⅰ》，有斐阁，1972 年。

25. ［德］汉斯·海因里·希耶塞克、托马斯·魏根特:《德国刑法教科书(总论)》，徐久生译，中国法制出版社，2001 年。

26. ［英］哈特:《法律、自由与道德》，斯坦福大学出版社，1963 年。

27. ［日］木村龟二:《刑法学入门》，有斐阁，1992 年。

28. ［日］大冢仁:《刑法概说(总论)》，有斐阁，1992 年改订增补版。

29. ［日］大冢仁:《注释刑法》第一编总则，青林书院，1978 年。

30. ［日］前田雅英:《刑法总论讲义》，东京大学出版会，1998 年。

31. ［日］西原春夫：《刑法总论》（改订版）（上卷），成文堂，1995 年。

32. ［日］正田满三郎：《刑法体系总论》，良书普及会，1979 年。

33. ［日］山中敬一：《刑法总论Ⅱ》，成文堂，1999 年。

34. ［日］平野龙一：《刑法总论Ⅱ》，有斐阁，1975 年。

35. ［法］卡·斯特法尼等：《法国刑法总论讲义》，罗结珍译，中国政法大学出版社，1998 年。

36. ［德］耶塞克等：《德国刑法总论》，西原春夫译，成文堂，1999 年。

37. ［日］大谷实：《刑法各论》，黎宏译，法律出版社，2003 年。

38. ［日］木村龟二：《刑法总论》，有斐阁，1979 年。

后　记

市场经济体制改革的启动和推进，改变了原有的社会体制和运行机制，从而也改变了原有的利益格局。利益主体多元化、利益关系复杂化、利益矛盾突出化、利益冲突明显化、利益结构重组化的客观现象明显呈现出来。当今社会，人的生活利益已不再以“国家（或社会）本位”的方式作一元化的解读。随之而来的事实是，面对价值多元的法益，立法者必须正视法欲保护利益之轻重的合理评价与定位。

以保护法益为其使命的刑法，法益保护将是我们这一时代里的学人解说，选择价值，确证、重构罪刑规范的基准和指引。

正是基于以上的理解，我选择了“法益保护与罪刑均衡”，并试图演说我对罪刑关系合理性实现路径的思考。亚里斯多德说：“法律是远离激情的理性。”然而，面对刑法的时代使命与终极关怀，刑法学人何曾不是心系于情而言之成理！

我知道，鉴于选题之精深与博大，以我有限之学术修养，将难以摆脱浅薄与狭隘。然而“虽不能至，心向往之”，无妨我激情满怀，虔诚去探寻刑法规范的特质，并通过书中的文字表达我对法益价值多元与罪刑关系合理建构的认知和思辨。

容忍与主流观点不同的声音，特别是当这种声音显得不那么符合现行法之规定的时候，这是一个社会的学术研究走向正常的标志。众声喧哗，各种观点都发表出来，各种可能性都被探索到，这样才可能最大限度地接近人性，接近科学。对于法益价值多维度的评价及其对于罪刑关系之建构的意义，或可作如是观！

韩　轶

二〇一四年五月